大展好書 好書大展

大展好書 好書大展

社會人智囊

57

拿破崙智慧箴言

柯 素 娥／編著

大展出版社有限公司

目錄

第二章 關於常勝戰略、戰術箴言

第三章　有關勇氣、自信、決斷箴言

第四章　有關運用組織箴言

目　錄

序章

拿破崙的一生——其光和影

一七八九年，長久期間被稱為Ancien Re'gime 的舊體制，也就是原本生活在封建社會體制，引發了平民革命，接著宣佈人權宣言、制定立憲君主制憲法、廢除王權、處死路易十六世，法國的歷史進入了一個鉅變期。

而使法國革命於一七九九年的七月十八日以政變方式實際結束的人，便是拿破崙。

在如此被稱戰亂時代的背景下，他創立了部隊傳令兵的設置、兵力集中一點的方式，以及根據「現況報告書」的情報網的擴充，更發明了種種劃時代性的戰術，這位被稱為「皇帝」或「英雄」的稀世名將，在這樣的時代中出現，可說是意義非凡。

以下，我們來綜觀拿破崙一生的功蹟及為人。

※　※　※

一七六九年八月十五日的中午，拿破崙出生於地中海之島科西嘉島西海岸的亞克西奧。當時，盛夏的太陽正散發耀眼的光芒，宛如象徵拿破崙輝煌的未來一般。

以義大利語式被命名拿破崙的他。暱稱則是拿波里歐，原本屬於日瓦內共和國領土的科西嘉島，在拿破崙出生的前一年剛賣給了法國，而島民抵抗的對象，則由宗主國日內瓦改變成法國。

拿破崙的父親，是有「獨立運動之父」之稱的帕斯卡的心腹，一直從事於獨立運動。但是，帕斯卡為法軍所追殺，亡命於英國，此時，父親就轉而依附法蘭西派，而熱衷於原本就很喜歡的政治活動。

父親希望把拿破崙送進法國本土的皇家幼年學校，因此想盡辦法疏通，最後終於如願以償地將他以「國王付費生」的名義送進該校。

在皇家幼年學校的生活，對拿破崙來說，無疑是一連串被敵愾心所填塞的日子，絕不是快樂的，因為，本土的法國人對於科西嘉島人表現出露骨的蔑視態度。

在法國東北部布里伊斯皇家幼年學校順利畢業之後，拿破崙進入巴黎陸軍士官學校就讀。翌年，即一七八五年的二月，他突然接到當時才三十九歲的父親不幸去世的惡耗。

拿破崙在接下來的日子，發揮他堅強的意志力，拼命努力讀書，不到一年的時間，便獲准從士官學校畢業。

※　※　※

拿破崙離開科西嘉島到就任官職的七年間，走過一段並不是很平順的路程，但是，他最後仍順利地擔任軍官，在任官約六年間，一直生活於烏拉西斯及奧索西歐等駐防地。在這段期間，他從微薄的俸給中，按月寄錢給母親，一方面則專心致力於讀書。

在烏拉西斯服務不滿一年，拿破崙八年來第一次踏上令他懷念的亞克西奧的土地。雖然只有五個半月的正式休假，但拿破崙少尉滯留在科西嘉島的時間長達一年，一七八七年十一月，他並未歸回原隊，而是出現在巴黎。他之所以前往巴黎，是為了替家族的土地爭取政府的補助金，也為了幫助母親維持家計，因此才四處奔走。

就在此時，法國大革命爆發了，拿破崙受命在駐防地發動鎮壓暴徒的任務，他突然放棄休假，飛回亞庫西奧，與岳父茲塞夫共同致力於科西嘉島的獨立政治活動。

但是，此時已從英國回來，想掌握實權的獨立運動鬥士帕斯卡，竟被島民尊稱為「父親」，受到熱烈愛戴，這對於巴黎的拿破崙家族，當然極為不利，最後終於被帕斯卡一派逐走科西嘉島。

從一七八六年開始，歷經七年，拿破崙休假的期間超過實際上服勤的日數，本應被開革，但他卻反而在二十四歲時就晉陞為少校，拿破崙少校接著由於表現良好，被任命為南法普魯士攻略部隊的砲兵隊長，由於戰功彪炳，一舉晉陞為少將。

盛夏的反革命（一七九四年七月），洛貝斯・皮爾一派被送上斷頭台，拿破崙少將也被認為屬於此派，一度被逮捕。

至於，馬拉被一少女所暗殺，接著出現了相當於獨裁的權力，洛貝斯也上了斷頭台，像這樣雅客賓黨使得革命的主要人物接二連三死亡之後，一七九五年，為了防止權力集中於個人，建立由五人擔任總裁的「總裁政府」。

※　　※　　※

晉陞將軍之後約一年四個月的歲月，拿破崙與比他年長六歲的霍伊亞那子爵未亡人約瑟芬結婚，並就任義大利派遣軍的最高司令官，則是一七九六年三月末的事。

無論在哪一個戰場，拿破崙都發揮了他的軍事天才，至淋漓盡致的境界，麾下的官兵們，對這位司令官無不口服心服。

拿破崙最高司令，以電光石火般的速度，繼續戰勝，之後擊毀了米蘭東北羅達伊地方的奧大利軍。一七九六年五月，他早已進入了米蘭。翌年的三月，使奧大利的華爾塞將軍降伏。

為何戰爭必須到這樣的程度？這是許多人曾有的疑惑，因為是原本被革命所波及的君主國奧地利所發動的戰爭，所以對法國來說，絕不能退縮。

接著，支持北義大利驅逐奧地利的拿破崙將軍，在那年的十二月以光榮的凱旋，回到了巴黎。

然而，正如所謂的「樹大招風」，等待著拿破崙這位常勝將軍的是總裁們的警戒心，以及冷漠的眼光，他的新任務便是義大利派遣軍司令官，一個沒有實權的部隊指揮官。

另一方面，拿破崙夢想著要遠征埃及，湊巧，總裁政府與其把拿破崙這野心家留在國內，倒不如讓他遠征埃及，一致採取疏遠拿破崙的政策。

一七九八年七月下旬，拿破崙進入了開羅，埃及的遠征軍原本很順利，但八月一日時，遇到亞布基爾外海的悲劇，普利艾斯麾下的法國艦隊被納爾遜提督所率領的英國艦隊所打敗，幾乎被完全殲滅。埃及派遣軍跟本國的聯絡之路也完全被封鎖，增援無法及時趕至。

埃及作戰並不順利，另一方面，他知道了義大利方面的戰況非常不利的消息，拿破崙將後事交待給柯雷貝爾將軍，決心悄悄回國。

政治的不安導致了財政的困窘及失業的大增，失業者及逃兵一變而為盜賊，社會呈現一片無秩序的混亂，實在已無計可施。十八世紀最後一年的法國，顯然是呈現了世界末日的景象。

十一月九日，柯德達伊決定發動政變的日子，拿破崙帶領了四個擲彈兵，進入五百人評議會的議場。

柯德達伊獲得成功，拿破崙作為第一執政，終於能登上權力的寶座，所以這個日子也是一個紀念性的日子。

※　※　※

一面維持著革命所換取的社會上、政治上的成果，一面革命時代的宣告落幕，並結束長年的戰爭，對拿崙來說都是當務之急。

拿破崙就任第一執政之後，無論是在行政、財政及司法方面，對於社會全體進行了一番徹底的改革，不管多麼困難的問題，他都能迅速而條理井然地處理完成，他那精確的洞察力，連專家門都不禁要為之咋舌，欽佩不已。

在行政組織上的中央集權化，同時特別值得大書特書的便是拿破崙的事業。首先，與羅馬教廷訂立了政教合約（一八〇一年七月十六日），其目的在於反撫反政府的神職人員。另一個便是被稱為「拿破崙法典」民法法典的成立（一八〇四年三月二十一日），其中明確的規定以特權為基礎的舊社會的崩壞，保障個人的物質利益及國家的力量為主旨的民法法典，正是近代法制的原型，成為歐洲近代的基礎。

此外，革命之後對於長久戰爭感到厭倦的國民，最需求於執政政府的便是對外戰爭的終止，譜下休止符。

第二次義大利戰役的勝利之後，法國與奧地利簽署了和平條約。眼前的對英和平成了當務之急，拿破崙決定與英國締結亞米亞恩和平條約（一八二〇年三月二十五日）。但是，英國在締約一年後（一八〇三年五月）片面毀棄了條約，命令停泊於英國諸港的法國、荷蘭船隻停止出港。

同時，國內有不穩的徵兆，權力恆久性的確立不可或缺，於是，一八〇四年的五月，由於周圍人的擁戴，拿破崙接受元老院的命令成為皇帝。接著的十二月二日，在巴黎的聖瑪莉大教堂舉行加冕儀式，拿破崙的頭上，發出燦爛的光芒，當年他才三十五歲。

之後，拿破崙與英國、奧地利、俄國展開了為數衆多的戰役，一八〇五年十二月二日早上，敵方聯軍集結在奧斯達利西邊的布拉索高地，老將庫特夫麾下的蘇俄・奧地利聯軍總撤退則是下午一點，這是史上有名的奧斯達利輝煌的勝利。

一八〇六年，拿破崙讓自己的兄長約瑟夫擔任拿波里王，一面致力於內政，獎勵產業，又制定「法國大學設置法」，建立了充實高等教育的基礎。此外，做為巴黎市整頓計劃的一環，決定建造凱旋門，也是在此年。

然而，籠罩於歐洲的黑雲，並不是那麼容易就能消失，拿破崙所率領的法國大陸軍，之後仍繼續跟普魯士、俄國作戰，獲得節節勝利。

※　　※　　※

由於拿破崙帝國最盛期的來臨，令人感覺到逐漸上昇的太陽，現在正在頭頂上照耀著。但對拿破崙來說，英國的存在，無疑是一個巨大的障礙物。

縱然是一位天才，但拿破崙畢竟不是神，不可能永遠沒有錯誤，受到塔伊拉的慫恿，發動西班牙戰爭，可說是他一生的汚點，對拿破崙來說，無異是致命性的戰爭。

法軍在各地不開始投降，拿破崙初次嚐到敗北的屈辱。

然而，拿破崙卻依然想作戰下去，他最嚴重的打擊是塔拉伊的背叛，使照耀拿破崙的太陽逐漸變黑雲掩蓋住了。

一八〇九年十二月與約瑟芬的離婚，可說是拿破崙沒落的前兆。拿破崙離開埃及回到國內，是因為知道了約瑟芬的偷情事件。約瑟芬的確從一開始就不能說是個貞潔的妻子。但是，拿破崙能夠功成名就，名垂後世，她的「內助之功」是不容否定的。對拿破崙來說，約瑟芬就像護身符一樣，而將這護身符任意棄置，結果使他落入噩運般的命運，他顯然未意料到這一點。

一八一〇年四月，拿破崙與奧地利的公主瑪麗亞・路薏莎結婚。當然，這是一樁明顯的政治婚姻。

拿破崙所發佈的「大陸封鎖」命令，宛如禁止進出口的腳鐐。結果，蘇俄與普魯士、奧地利、俄國結成同盟。

一八二二年，拿破崙與俄國開啟了戰端，可是，早在十月就向西撤退，翌年，在襲擊過來的俄國、奧地利聯軍之前，拿破崙被逼入窮途末路。而決定命運的一八一四年，法國到了解體的時刻，結果，拿破崙被放逐到伊爾帕島，從此開始沒落。

從南佛海岸登上英國軍艦的拿破崙，於五月三日抵達伊爾帕島。

在此期間，討論戰後善後處理的維也納會議，面對戰敗國代表塔拉伊有條理的交涉術，聯合國方面竟有五人持反對的態度，最重要的會議被擱置在一邊，終日沉溺於舞會。

拿破崙趁著這個機會逃出伊爾帕島，一八一五年三月一日於南佛的茲亞灣，沿途被歡呼聲所迎接，三月二十日，他進入德里宮，這就是所謂「百日天下」的開始。

但是，拿破崙最後的一戰，有名的「一八一五年戰役」終於於滑鐵盧一役敗給了聯軍，拿破崙含著淚水到了巴黎。

拿破崙八月七日從英國軍艦「貝洛夫號」移至「諾塞西佩號」，但未踏上英國的領地，被帶到聖赫雷諾島。他本以為能在英國過著寧靜的生活，未料卻陷入宛如被踢入地獄的心情。

再過六年的一八二一年五月五日，這位「世紀的英雄」，成為聖赫雷諾島的不歸人，是年他五十一歲。

※　※　※

誠如前述，拿破崙的一生，被光和影所交織著，無疑是多采多姿的，但從某種意義來說，他顯然是個具有雙重人格的人物。

「我的裡面清楚地存在著兩個截然不同的人。也就是意志堅定的人及感情豐富的人。」正如國務院議員雷特累親自如此承認一樣，拿破崙的內面有著顯著的雙重性。「因為誰都無法妨礙我，所以我的計劃一定都會完成，我具有他們所欠缺的意志及毅力。」他便是這樣一個敢言又具有理性的人。同時，「我能跟孩子一起玩耍，……也會讀小說。」這些心情在他的內部共存著。

拿破崙親自在權力的名義之下，毫不在乎後果地制定了法律，正如拿破崙法典所代表，他也是一位制定法律的能手。

像這樣矛盾的兩面，構成了他英雄的實質，這項不容置疑的事實，使人無法一概決定他於任何一方面。

不被一個固定觀念所束縛；不斷隨心所欲編織夢想，並以理智來面對現實，正是拿破崙之所以被尊為天才的奧秘。

至於，拿破崙優異的天份大概也無人能否定。

革命後不斷動盪不安的法國，逐漸能獲得平衡的原因，不外是拿破崙的功勞，拿破崙正象徵著「秩序」及「行動」的存在。

閱讀了國務院的審議錄，我們可深深感覺拿破崙那卓越的行政的天份，十分混亂的法國，能重新站立起來，除了拿破崙堅強的性格及非同尋常的企圖心之外，還加上他出類拔萃的行政天份。法國的現代行政組織一切都是奠基於拿破崙所創立的各種制度，法國有負於拿破崙的地方，確實難以計數。

或許你會感到意外，像拿破崙這樣為了自己利用報紙及影像的人，可說是無人可及，從這意義來說，他顯然是屬於「二十世紀的人」，懂得利用媒體塑造形象，完全是二十世紀政治人物們的作風。

他戴獨特的兩角帽，穿灰色的外衣，把單手插在背心裡的拿破崙像，現在已固定於全世界人們的心中，無論任何人提到拿破崙，就會想到這樣的形象。但是，這點當時世界偉大的政治家都遠不及拿破崙。即使是日本的伊藤博文或法國的戴高樂總統，我們在想像他們的模樣時，腦中都是極模糊的，因為他們沒有自己的標誌。

將自己的標誌有意識地擴大，拿破崙的情報宣傳能力的確無人可及。

※　※　※

拿破崙因戰爭的障礙，被歐洲全體所孤立，由於出生於科西嘉島，他被法國人以白眼相向。同時，因他的行動充滿了詩意及抒情的性格，被注重現實者所疏遠，而無實權的人，則屈服於他，離開了他，他的心情沒有一個人能真正瞭解，產生他孤獨的因素。

在拿破崙輝煌的光芒背後，我們若隱若現地看見他可怕孤獨的陰影。

法國人認為拿破崙雖然是天才，但忘記了「他不是人之上也不是人之下」，他僅是一個人而已，但卻被視為「超人」，因此無法原諒他一八一五年決定性的敗北。「原來他不過是個凡人！」這樣的幻滅，直接影響到對拿破崙的否定。

這正是法國人天真的想法，但一切都因拿破崙是天才的緣故。

今日的法國，面對終於實現的東西德統一，因難以計測力量的幻影而震懾著，此刻正是他期待英雄拿破崙重生的時候。

由於是位非凡的天才，拿破崙當然也留下了無數的名言，從這當中，我們現代該學習的道理，本書都一一加以分類，附上解說，以便於讀者閱讀。

第一章　掌握人心，帶動人心箴言

「無論在什麼樣的戰鬥中，多麼勇敢的士兵，在一番全力奮戰之後，都有逃亡的念頭，這樣的恐懼，是因缺乏自信而來。因此，只要稍微使他們擁有動機、目標，給他們機會，就能使他們獲得自信，最佳的辦法是讓士兵們感到重生了。」

拿破崙這種洞察力，任誰都不得不佩服，他能看穿士兵的心理到這種程度，所以也能明瞭如何鼓舞士兵士氣的要領。

要使人心服，首先應設身處地站在對方的立場，來考慮說話的內容，不能如此，即使偶爾講了一些令人看透的恭維話或向人低聲下氣，反而會受到別人的排斥，徒然被看輕而已。

某一公司的經理，某日突然感覺到沒有人望，他開始對部屬加上「先生」的稱呼，一向都稱人為「某某」的上司，卻突然改變，那部屬心裡感覺有一點不安，心想：「你這樣改變稱呼的方式，以為我們就會跟隨你去嗎？荒唐！只是暴露了沒有見識罷了。還不如觀察我們的目標向著什麼，我們心裡在想什麼。」

「多半的部屬，都有如此的看法，他們的內心反而無法接受刻意討好部屬的上司。」

我曾經聽過這樣的一段話，但是，像這樣的經理，絕對無法抓住部屬的心，完全掌握他們的動向。

那麼，怎麼樣的語言才能掌握部屬的人心呢？希望各位從拿破崙所說的話中得到啟示。

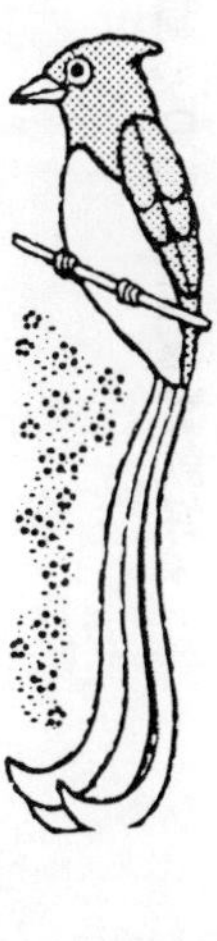

1 信口承諾會喪失信用

你的草案，比我們實際上能做的更空洞，只要敍述事實就好。

（一七九九年十二月拿破崙向雷特累所說的話）

拿破崙獲悉義大利戰線的戰況惡化及國內情勢的不安，匆忙離開埃及，於一七九九年回到國內，而十一月九日柯德達伊發動政變，推翻總裁政府，建立了新的執政政府。弟弟露西亞及塔拉伊等也是政變的主要人物，但是，積極協助拿破崙的則是雷特累。

雷特累在執政政府的初期，擔任起草各種佈告的草案，但拿破崙對雷特累的草案有不滿意之處，這句話是對草案中的文句提出指正時所說。

身為一位執政者，如果要服人，便應表現出真實這種誠實的品德比什麼都重要，同時，他也要求國民對別人誠實的態度，因此，他最厭惡的就是一點也不誠實的人，「只是一味奉承阿諛，為了要逢迎諂媚，便說一些冠冕堂皇的話，這點希望能適可而止。」

正如向國會議員羅西亞親口所說，拿破崙確實很注重誠實這項美德，他認為，令人看穿的恭維話或充滿諂媚的話，會讓人的神經不舒服，全身不自在，俗語所說的起「雞皮疙瘩」

正是形容這種情形。

拿破崙對於雷特累那份「比實際更加美化」的佈告草案，無法予於認同，是理所當然的事。把佈告的內容加入空洞而無法實現的諾言，不僅不誠實，更讓人心一一背離他。

拿破崙就像今日的政治家一樣，並不贊成只是以選舉時無法實現的諾言來裝飾自己，並特別排斥。這種信口承諾違背國民或對手的期待，使自己成為衆人厭惡的虛偽之人。

共和的第七年（一七九九年）十二月十五所發佈的憲法中，代表執政政府的佈告，依照慣例由雷特累起草。

對此案不滿的拿破崙，向雷特累告誡了以下的話：

「像這樣的草案，你讓我許下諾言，但我不願隨便做任何承諾，因為我並沒有自信能一一加以履行，並且，諾言必須在短時期實現，然而，實際上卻是我十年之內也無法完全兌現的事情，怎麼可以讓我去做個沒有信用的人，因此，只要寫到『我的義務是要履行何事』、『我必須做什麼事情』，這樣的程度就可以了。最後就剩下看如何在這十年間努力完成我的義務了。這便是法國國民的權利。」

雷特累對拿破崙這種態度，盛讚是「纖細的正直」，並深感佩服，認為是獲得別人信賴不可或缺的要素。

不消說，信口承諾的人，絕對無法取得別人的信任。但是，明明知道這點，卻認為講話可以隨便承諾、信口開河的實在不少。「為了逃避一時的承諾，或讓對方安心的話語，對方不久也會遺忘，或遲早失效，化為烏有。」這樣想得的人，未免把事情看得太簡單，也太不尊重對方了。

如此的行為，不僅不再受到信賴，最後只有使你被人憎恨罷了。

拿破崙認為，「把更改諾言當做家常便飯」的人，雖然自己沒有能力，但隨時以事情做為藉口，不得已完成承諾，這種態度，終究無法收攬人心。

2 依照狀況能成為「狐狸」，也能成為「獅子」

我有時變成狐狸，有時變成獅子。統治的高明手段，就在於視情況而判斷，決定成為狐狸或是獅子。

（一八〇六年三月十一日，國務院會議的發言）

拿破崙以這段話來說明，一個統治者應懂得緩急輕重的指導能力。

在國務中，正檢討著地方自治體的財產及鹽稅時，國務員議員達夫莫恩及特雷亞爾發言說，一部份地方的貧民對於恢復徵收鹽稅，的確頗多怨言。此時，拿破崙臉色大變斥道：「那不過是黨派間的謠言罷了！」他清楚地否定這項事實。他又說：「那樣的風聲如何扭曲我的意圖，你們應很明白。鹽稅如果沒有實質的作用，我還不願意讓它恢復，如果覺得非常有利，不管人家說什麼樣的話來詆毀我，我也會大膽地斷然實行，就是因而被殺，也在所不惜。」這樣說完之後，他便提出「狐狸及獅子」的問題。

這段談話告訴我們，一個統治者要引導人，吸引人心，必須一切通融無礙才行，也就是說，行事富於彈性，先判斷，然後見機行事。

他認為，當自己判斷認為必要時，依照自己所相信的，像獅子一樣，毅然實行它，絕不猶豫。另一方面，認為時機尚未成熟時，便要像狐狸一樣，伺機而動，不會貿然行事，這是他經過多年統治所獲得的心得，也正是做為統治者的拿破崙所具有的魅力。

在我們的社會中，因為過份在意周圍，不要說像獅子一樣被許多部屬奉承著，連狐狸也無法做到的領導者非常多，因為，他們沒有指導力，現在日本的政治也家是如此。

如此沒有主體性的領導者，大致來說都無法吸引部屬的心，寧可說是被部屬輕蔑而已。

的確，要掌握人心，有時應變成「獅子」，有時則應變成「狐狸」，善於變化自己的角色，依情況做最好的因應。

3　如何使對方衷心接納

年輕人不要怕死，只要不畏死亡，死亡便能丟回敵人的行列中。

（一八〇六年十月，向士兵所說的話）

一八〇六年九月末，拿破崙為了要和採取挑釁態度的普魯士一戰，決定向東推進。而十月中旬，在東德的約拿發生戰鬥（十月十四日），法國大陸軍滿心期待著。對於夫利達里所率領的普魯士軍隊，予以殲滅的勝利的信心支持著拿破崙，但他一方面也十分沉著。

十月十二日，拿破崙在約拿之南約四十公里的羅賓斯坦檢閱獵騎兵第二連隊，此時，他問連隊長？

「現在有多少兵力？」

「五百名。但是，有許多年輕的士兵混在裡面。」

拿破崙對連隊長出乎意料的答案露出目瞪口呆的表情。

「這有什麼關係，年輕的士兵都是法國人嗎？」

拿破崙並沒有如此反問，他突然向連隊的士兵們說了開頭的那些話。

拿破崙勇敢地高舉雙臂，向士兵們說了一番慷慨激昂的話。他不僅說「不要怕死」，還說「把死亡丟回敵人」。士兵們彷彿被通了電一般，鼓起了勇氣，根據傳述這句話的克塞・德伍洛恩所說，當時的士氣，真有如沸騰的熱水，「連武器及軍馬都士氣昂揚！」

佔領約拿北端拉恩得夫高地的法國大陸軍，在十月十四的早上，窺伺著在高地佈陣的普魯士軍隊，等待攻擊的時機。

早上九點，攻擊命令終於下達，好不容易使砲列發揮火力的同時，右翼的法國軍隊，猛然從高地長驅直入。

接著，法國大陸軍開始總攻擊。根據歷史記載，當時的情況是「二十萬的士兵及七百門砲，極目望去，全部的空間都佈滿了屍體，是史上少見的悽絕景象。」

但是，普魯士的抵禦力量也不容看輕，左翼衲軍遂不得往後撤守。

「預備軍備戰！」

拿破崙的命令一下，預備軍確實地射擊了普魯士軍隊，而迅速進行突擊的便是獵騎兵第二連的勇士們。他們接受拿破崙的訓示，走向敵陣之中，在「把死亡丟回敵人」的信念下，全軍的士兵個個變得勇猛果敢，誓死如歸，每個人都奮勇向前，全力殺敵。

獵騎兵第二連隊的勇戰，使普魯士在午後二時開始遁走。

拿破崙的話鼓舞了士兵們的行動，使他們個個勇氣百倍，他對士兵的訓示，實際上是費盡苦心，刻意選擇能激勵人心的語句。士兵們也瞭解了他心底的期待，因此以行動來回報拿破崙的苦心。

拿破崙曾以書信叱責欠缺勇氣及責任感的海軍少將德威諾，使少將幡然省悟：

「和國家的生命相比，我們個人的何足惜，我們的軀體只是為了國家而存在，祖國的幸福就是個人的幸福，為了祖國而犧牲生命，才是最有價值的死亡方式。現在新的一代都只想到自己死亡時的痛苦，對死亡有莫名的恐懼感及憎惡感。其實，在戰場上光榮戰死才是幸福的！因為死者會永遠留在後世人們的回憶。」

德威諾終於領悟到，身為軍人對於死亡應抱有什麼樣的態度，除了置個人生死於度外，軍人並沒有自己的生命，必要時隨時都要奉獻給國家，換得國家的生命，為自己的生命，增添永恆的意義。

如果拿破崙當時只是對士兵們說：「鼓起勇氣來！」士兵們必定無法欣然接受，他告誡士兵，軍人死在戰場上和死在床上是何其不同，前者是多麼光榮，死得有價值，而後者又是多麼空虛。所謂「死有輕如鴻毛，重如泰山」，要如何死，就端看個人的選擇。

不僅是軍人，只要是年輕人，都應有視死如歸的精神，先超脫於個人的生死，才能忘卻死亡所帶來的陰影及束敷，對於死亡如果能達到這樣的心境，好像回到自己家裡一樣，以沉著的心情面臨死亡，那麼，死亡也就不足懼了！

4 居上位者不能一味討好人

國王的愛民，與乳母的體貼不同，身為一國之君，必須被敬畏，進而被愛戴。

（一八〇九年三月六日向雷特累所說的話）

拿破崙對於西班牙王也就是其兄長約瑟夫治理西班牙國民的態度，曾以上述一段話予以嚴厲的批評，因為雷特累是其兄長所信賴的一位政治家，所以拿破崙便透過雷特累，向約瑟夫說明身為一國之君應有的態度。

約瑟夫為了裁決殺害法國士兵的西班牙人，組成了由西班牙人所構成的委員會，由拿破崙的立場來看，他認為：「無論在什麼地方，只要有法軍所在的地方，對法國部隊有危害的人加以裁決，自然是法國的軍法會議的職權。」因此，對於約瑟夫所採行的措施，斥之為「只會帶來軍隊的不滿。」

「約瑟夫希望西班牙人愛戴他，因此，對於人民想要提出自己能保護他們的保證，使人民信任他。」

拿破崙深深瞭解約瑟夫，後來獲得西班牙人的擁護，於是開始費盡心思討好人民。在拿破崙的眼中，這無疑是施政的邪道。

的確，做為一國的國王，只為了討好國民而努力，反而被看輕了。為人長者亦復如此，像褓姆一樣的體貼心之，絕不能讓部屬心服。

因為，本身沒有自信，無法採取斷然的態度，如此一來，就會想要去討好部屬，結果，反而無法得到國民的尊重。約瑟夫便是因此，不得不以狼狽的樣子，流亡到外國，無法再回到西班牙。身為領導者如果本身沒有魄力，也會像西班牙王約瑟夫一樣，完全被部屬所遺棄。

看到拿破崙的話，令人聯想到日本的皇室。天皇目前只是象徵性的存在，並沒有統治的實權，因此，從嚴格的意義來說，與拿破崙所說的國王不同。然而，天皇理所當然應受到尊敬，我們對天皇絕不能失去敬畏之情。

在戰敗的同時，將天皇拉至與庶民同列位置的大衆傳播媒體，以及輕薄的輿論，實在罪過深孽。以「開放的皇室」打出口號，對待皇室宛如「沒有人格的藝人」，最近的傳播媒體確實有些過份了。

我在此特別強調，即使要讓政治家對皇室懷有敬畏之情是完全不可能的事，在日本建國以來，對於皇室的敬畏，絕不需要考慮，這是做為日本人當然的義務。

5 如何指揮年長的部屬

要指揮比自己年長的部屬，在非常客氣的同時，十分嚴格的態度也是不可或缺的。

（在聖赫雷諾島向萊斯・卡茲所說）

一七九六年三月末，年輕的拿破崙將軍只有二十七歲，便到尼斯擔任義大利派遣軍的最高司令。

「密歇爾，立刻召集師團長們！」

密歇爾傳達了拿破崙的命令給四位師團長，分別是三十八歲的馬塞那、三十九歲的奧茲紐，五十四歲的塞里紐艾，四十二歲的拉爾普。四人不知不覺地面面相覷，四個都是身經百戰的勇士，且比拿破崙年長許多。

他們異口同聲，打從心底看不起新任的最高司令官：

「哼，我們都是身經百戰的勇士，為何要做那個來自科西嘉島的傢伙的部屬？真是荒唐無聊，總裁政府可憐的政治家們，最近腦筋在想什麼呢？拿破崙那傢伙，連硝煙都不知道什麼的樣子的沙龍將軍罷了！他一無是處，奉承政治家們，我們怎能聽那乳臭未乾小子的命令。」

「那個司令官，只會沾污了我們軍隊光榮的戰蹟，應該讓他徹底瞭解這點，感到尷尬。」

塞里紐艾將軍這樣說，其他人都一致附應。

以堂堂皇皇的風采，及勇猛善戰的四名巨漢，進入房間也不脫帽。彷彿內心正在說：「他不是我的長官！」

四個對拿破崙表現出明顯的輕蔑態度。

拿破崙此時以暖爐為背，戴著帽子，將手插在身後。

師團長們想要說明作戰計劃，決定往前推進。但在踏出一步的瞬間，四人都像被雷擊中一樣，楞住在原地。

對於最高司令官那目光炯炯的樣子，他們全都僵直著，不敢直視，心想，怎麼心中隱藏的意圖被他看穿了，血液如凍僵般，好銳利的眼神！

看見四人呆立的同時，拿破崙這新任的最高司令官，慢慢脫下帽子，四位師團長不知不覺也跟著脫下帽子。

在此種情形下，拿破崙再度把帽子戴上，但是師團長們再也沒有戴上帽子的勇氣，更說不出話來。

片刻之後，最高司令官強而有力的聲音響起：

「諸位，我們在七月十三日要攻擊敵人，在此之前，你們要做好攻擊準備，現在我來指示我軍的配備……。」

簡潔而有力的話語，拿破崙詳細地說明作戰配備。他不僅熟悉自己連隊的構成情形，連敵方的兵力、砲火及馬匹的數目也都知道得一淸二楚，甚至北義大利小小的村莊、河川、山丘的名字，也能一一說出，即將做為戰場的北義大利，整個地形都在拿破崙的腦海中正確地描繪著。

師團長們不禁咋舌佩服。

「完畢！本官非常期待諸位的出擊，你們可以回去了！」

最高司令這句話，師團長好像被彈了開去，在敬禮之外，紛紛走出房間，到了戶外，才大大地嘆了口氣。

在拿破崙面前因緊張而僵直的身體，使他們的腳有如引起痙攣一般。

「對那個矮子，我們竟然害怕得發抖起來！」

馬塞那將軍第一次開口。其他三人，則是頻頻點頭表示贊同。

另一方面，拿破崙在師團長們告退之後，彷彿一顆心安定下來，因為這次的考驗似乎已順利克服了。最高司令官拿破崙將軍接著把副官們召集過來，以輕鬆的表情說：

「各位，義大利的門為我們打開了！」

身為最高司令官的拿破崙，如果表現自己高高在上的姿態，發出獨裁式的命令，則不僅部屬們會感到反感，連士兵們也會失去向心力。相反地，若是低聲下氣地奉承他們，則必會被看輕，作戰的支柱會愈來愈鬆散，是至明之理。

困難就在這點，以眼睛表現威嚴的一方，自己先脫下帽子，對於年長的部屬們先表示敬意，這就是拿破崙服人的地方。

6 不要把責任轉嫁給部屬

既然依照自己的決斷行事，無論發生什麼錯誤，最多只能埋怨情報錯誤而已，不要認為是因為重要關頭的建議不夠，才導致失敗。

（在聖赫雷諾島萊斯・卡茲所說）

人必須為自己的行為負責，即使那是錯誤的，絕不可把責任推給別人。看到拿破崙上述這一段話，我們可深會出這個道理。

「做為原因的動機如果有優柔寡斷及猶豫不決等因素，當然，結果也會不堪設想。」

這就是拿破崙的基本理念。

因此，當出發點的決斷有所迷惑時，當然無法產生好的結果，結果會失敗，是自己本身的決斷失去時機之故，拿破崙非常瞭解這點。

還有，他也絕不會把責任推給別人，認為失敗的原因是接受了對方諸如「這樣做才好」、「這是最好的辦法」等的建議。

那麼，你也許會反問，關於阿濟亞公的處刑事件，又如何解釋呢？

一八〇四年三月，王族中的阿濟亞公爵在萊茵河對岸帕迪公國被艾登漢姆逮捕，三月二十一日，經過簡單的審判之後，他便被槍決了。此時為王黨派的跳梁非常猖獗的時期，拿破崙為此大為傷神。然而，沒有確鑿的證據之下卻被槍決的作法，姑且不論後世的歷史家如何批評，當時也受到民眾劇烈的譴責，被認為是拿破崙一生的污點之一。

的確，拿破崙正如克拉克所說：「我並沒有要逮捕阿濟亞公爵的念頭，使我下定決心的是塔拉伊。」

他明白指出，因為受到塔拉伊的慫恿的，才會鑄下大錯。但在聖赫雷諾島時他卻說：「我逮捕阿濟亞公爵是經過裁決的，那是在亞爾普伯爵把六十名殺人兇手送到巴黎時，審問中得到阿濟亞公爵叛國的證明，為了法國國民的安全、權益及名譽著想，如果再遇到這樣的情況，我隨時會採取同樣的行動。」（一八二一年四月十五日）。他明確地承認，他是根據自己的判斷而採取措施。

因為拿破崙的坦然態度，所以即使他失勢時處在異常的情勢中，也能以冷靜的眼光回顧前因後果，他絕不認為是背叛者及卑劣元帥的緣故，才使他黯然下台。

根據萊斯•卡茲的證言，他如此描述拿破崙：

「即使面前站著一個應該被拿破崙譴責的人，無論任何人他也絕不會激動地站起來。」

「他絕不當面指責有過錯的人，與其說他提出話題，不如說他保持沉默。」

失敗的原因在於自己時，不如乾脆承認問題出在自己，這便是拿破崙的偉大之處。

以下是關於太平洋戰爭中的故事。

某個陸軍飛行學校的隊長Ｆ上校，他身材矮小，但是有著老鷹般的銳利眼神，令部屬心生畏懼。在一個雲層低垂的夏日夜晚，對於是否要舉行飛行演習，各個教官聚在一起協議。此時正是必須儘早培養第一線飛行員的時期，於是，Ｆ上校站起來說道：

「我先到雲端看看再決定吧！」

接著，雲上飛行結束，隊長的座機著陸，並下達「演習開始」的命令。

然而，有一架學生駕駛的飛機，一直沒有回來，過了二十分、三十分後，完全被雲遮住，大概找不到機場。在飛行員休息室中，全體人員都緊張萬分。突然，隊長的座機飛上天空，在過了相當長的時間後，被引導的教練機飛下雲層，順利著陸。

演習終於結束。

「你們太差勁才會這樣！」

本來非常肯定會受到隊長這樣嚴厲譴責的學生們，竟然沒有被責備過一句話。

「今日的失敗，全是我的判斷錯誤，不見得是你們的不對，我沒有考慮到你們訓練不足，是我的錯！」

學生們心底石頭落下的同時，再度對Ｆ上校感到佩服不已。

7 不吝於嘉勉部屬的功勞

我不斷激起部屬的競爭心理，對任何的功績，都要回饋給他們，擴大他們的榮譽心。

（在聖赫雷諾島向庫爾克將軍所說）

身為一國的領導者，或是組織中的領導者，其必要條件便是「信賞必罰」。這要實行起來雖然看似簡單，但實際上卻非常困難。

例如，處罰會招來反感，而過份褒獎又會使對方得意忘形。在諸多的衡量之下，確實很難拿捏得準，因此不易實行，無論賞罰，都是極大的學問。

然而，在賞罰方面，拿破崙卻是一個高手，他能貫徹「信賞必罰」的原則，並淋漓盡致地發揮賞罰的效果，毫無遺憾。

因為犯了大錯一定會被拿破崙處罰，或被嚴厲叱責，所以，無論是將軍或大臣，都不得不謹慎行事，即使拿破崙不在身邊，也是一樣戰戰兢兢。

無論離開多遠，拿破崙就好像跟在各部屬的身邊，這就是拿破崙成功的原因之一。

但是，拿破崙對於回報部屬的功點，絲毫不會吝惜，對他來說，某個人的才能或天份是他的一切。某日，他向庫爾克將軍說：

「我對於每個人能充分發揮才能，抱著極大的野心。」

在說這句話的十五年間，拿破崙的掌政時期，部屬的才能被受到最大限度的重視。

拿破崙對具有創造性知性的人，深深表示理解的同時，也以最寬大的態度對待他們。最好的例子是作家魯那•西特普利亞。

西特普利亞於一八〇四年三月二十一在阿濟亞公爵的城堡溫塞斯的壕溝中被槍決，當時他剛辭去蘇伊斯南部的伍拉共和國駐法國公使之職。

繼承布爾霍家的柯爾達公爵之子阿濟亞公爵，在毫無證據的情況下，卻因為反抗祖國的理由被處刑，西特普利亞趁機抗議此事，但事實上這只是一個藉口而已，西特普利亞對於擔任一個小國公使的職位感到不滿。

拿破崙對於西特普利亞的文學造詣十分欣賞，但對於做為政治家的西特普利亞，卻沒有給予很高的評價，西特普利亞因此提出辭呈。

拿破崙看到辭呈，立刻點頭說：

「好吧！」

因為這次事情，他開始懷恨在心，完全轉到反拿破崙一派去。在沙龍中，他靠著暖爐，憤怒地說：

「那個暴君不久就會倒台！」

然而，拿破崙卻不以為然地說：

「那不過是爐邊的預言罷了，就像接受阿波羅預言能力的卡莎普拉一樣，她不遵從神的旨意，最後預言也不被人採信。」

不僅如此，阿加塔米為了迎合拿破崙的意思，想要成為西特普利亞的候補人，燃起了烈火般的怒火，這位反抗作家最後實現了他的願望。

信守「才能萬能主義」的拿破崙，認為「天份」是人最神聖的部份，即使像阿加塔米這樣心懷貳志的人，也不會否定他。

8 以私心為動機必會遭受挫折

我如果為了法國而做某件事，無論何事都願意嚐試，但為了自己本身，卻什麼也不想。

（一八一五年六月，滑鐵盧敗戰後向其弟露西亞所說）

一八一五年六月十八日，在滑鐵盧之役不幸敗北的拿破崙，於六月二十一日進入巴黎的凡爾賽宮，向克拉克說：

「我向議會正確地報告作戰的經過。敵人既然攻進法國的國土，議員們也會對自己的義務有所覺悟，我以率直的態度來告訴他們，也許他們會附和我的意見吧！」

但是，拿破崙的願望落空了，議會批准了對於皇帝不信任案的動議。

另一方面，凡爾賽宮的周圍，已聚集了許多群衆，高喊著：

「皇帝萬歲！」

聲音響徹雲霄。根據拿破崙的侍衛長馬爾西的『回憶錄』所記載：

「那是從心胸迸裂而出的聲音，群衆們心中懷著同仇敵愾的心情，像一把怒火，粉碎了國內的敵人。為了正向巴黎方向進擊的外敵人，將危害人民的安全，他們一致希望能服從皇帝的領導，要求與敵人戰鬥。」

在群衆不絕於耳的鼓噪聲中，露西亞說：

「如何？你有沒有聽到人民的聲音？巴黎全境都充滿了這樣的聲音，難道你要放棄他們，將他們交到少數派的手中嗎？」

他再一次催促拿破崙儘速發動攻擊。

但是，當時如果發生戰爭的話，結果必定會引起內戰，拿破崙想避開此點，於是說：

「十一月（一七九九年十一月十八日），那天我為了法國的幸福，不得不拔劍，現在為了法國的幸福，劍卻必須拋得遠遠地……。如果為了自己，當然不管議會如何，先大鬧一番，但這樣並不能拯救祖國。」

他說完這番話，再以斷然的決心，說出開頭的那一段話。

不幸的命運來臨時，要承認自己的運氣，甘於接受才行，這段話教導大家認識命運的無常。聽拿破崙這麼一說，血氣方剛的露西亞也無詞以對，尤其「為了自己什麼都不想做」這句話，更不能不使他領悟到，一切都結束了。

拿破崙同時也告訴我們不要拘泥於私心，非常值得現代的政治家深思。

人很容易以「自己」為中心，標榜光明正大的名義，但實際上卻為了自己。拿破崙的話中，「法國」也可以代換成「組織」，如果一個人純粹為了自己的組織而傾力付出，早晚會被人肯定，但是，如果加上「私心」，你行事的方向必定會有所偏差，也必定會暴露出缺點來。

一八一五年六月，拿破崙如果為了自我滿足而起兵，也許今天法國已被消滅而永遠不存在世界上了。

的確，捨棄小我並不是那麼容易的事，然而，有時必須大義滅親，為了大局而著想，這尤其是做為一個政治家所應具備的德性。

拿破崙由於具有滅私的精神，在聖赫雷諾島渡過了悲劇性的六年，但法國卻被拯救了，而能保持今天的景象。

「皇帝需有超人的勇氣，才能不被民眾的狂熱所牽引，他的偉大靈魂是如此的冷靜，法國人或許應永久感謝他這一點吧！」

馬爾賽的回憶，真是至理名言。

9 鼓舞部屬士氣的要領

士兵們，我對你們非常滿意……。但是，你們還有工作尚未完成，所以，等於什麼也沒做……。

（一七九六年五月，給義大利派遣軍士兵的佈告）

一七九六年三月二日，拿破崙被任命為義大利派遣軍的最高司令官，三月末，剛剛到尼斯上任的拿破崙，立刻採取行動，這是第一次義大利戰役的開始。

當時的義大利只不過是地理上的稱呼而已，包括了塞提尼王國、拿波里王國、普斯卡那大公國、熱內亞共和國、分為九個王國、公國及共和國。由於法國革命的波及，各國王室莫不恐懼於君主制度的崩潰，一七九二年與法國作戰的奧地利，正君臨於北義大利中央的羅巴提亞地方。

拿破崙將軍對於攻進北義大利西部畢伊莫地方的奧地利軍，於四月十二日在摩塔諾德及其北的塔克予以擊破，四月十三日，擊破位於摩塔諾德及塔克中間的塞提尼王國軍。

接著就是在羅巴提亞的作戰。拿破崙率領軍隊，於五月十日在面臨亞他河的洛提擊敗了奧地利軍隊，使他們往東敗走。

但是，拿破崙並沒有在洛提一役戰勝之後，便稍微喘息一下，他要把奧地利軍隊驅回他們自己國家的領土內，並且，他還要留有一項工作未做，那就是與奧地利締結和平條約。

於是，拿破崙貼出開頭的佈告，想要鼓舞士兵們的士氣。

「自從畢伊莫一役以來，大家都幹得好！」他先承認士兵們的勞苦，接著才說：「為了以後大家要更努力加油！」

這便是拿破崙式的掌握部屬的方法。他並非只會叱責、激勵部屬，而是懂得時時不忘褒獎士兵。

同樣在第一次義大利戰役，摩塔諾德攻略戰結束後，拿破崙最高司令官如此訓斥了第八戰列部隊的士兵們：

「士兵們，你們各個活像個女人似的，把你們的裙子掀開，應該知道兩腳之間有什麼吧！那裡什麼也沒有！即使女人也比你們戰鬥得更好！你們看看第十一戰列部隊吧！那才是真正的男子漢，下次再如此的話，不如讓你們穿上女人衣服！」

最高司令官在數分鐘後來到第十一戰列部隊，大聲責罵他們：

「這些娘娘腔們，難道你們都成了女人！乾脆讓你們穿女人衣服，看看第八戰列部隊吧，那才是真正的兵隊！」

竟然被看輕到如此程度，兩部隊的士兵遂不得不奮起。由於憤怒及恥辱，使他們的臉都漲紅了。下次的戰鬥中，果然挑起了他們的對抗意識，確實是難得一見的勇猛果敢。戰鬥結束的下午，兩戰列部隊的士兵從敵人方所擄獲的軍旗及砲火等戰利品，堆滿了司令部前面。

拿破崙最高司令官很滿意地瞭望著，嘉許士兵們的勇氣：

「士兵們，本官錯了，你們都是勇猛的戰士，全體人員授與榮譽槍！」

士兵們聽到最高司令官的褒獎，士氣更加激昂起來，再度燃起戰鬥欲望。在戰鬥之前，他們不僅早忘了被責罵為女人的事。

由此可見，在嚴厲的話之後再讚美對方，會更有效果。如果先褒獎對方，再指責他努力不夠，會讓部屬產下反抗之心，這是人的心理極自然的一種反應。但是，褒獎部屬往往被曲解為諂媚部屬，很不容易做到，這也是一個事實。

然而，拿破崙掌握部屬的方式卻是非常高明，值得效法。

另一方面，拿破崙雖然當面咒罵部屬，但他懂得利用士兵的心理，使他們鼓起了勇氣。

在義大利戰役中，最高司令官正在閱兵時，列中的一名老兵突然向前一步，控訴說：

「請看看我，軍服已經這樣襤褸，鞋子都破洞了，而且軍帽也這樣狼狽不堪……」

拿破崙頻頻點頭回答：

「我知道，幫這位勇士準備新的軍裝，但是，新的軍服，對你這樣身經百戰的老兵來說，也不會使你看起來像個新兵，真是遺憾！」

此時，老兵慌忙告退，連連稱說：

「不，不用了，我已經不想要新的軍服了……。」

被誤以為是新兵，這在老兵的自尊上是絕不被容許的。

如果拿破崙當面喝斥他：

「在戰場上想要新的軍服究竟是怎麼回事？」

「那麼，想必會引起士兵們的反抗心。」

把老兵特有的自尊心加以喚起，讓他們自己收回某項要求，這便是拿破崙司令官巧妙的高等戰術。

10 不要期待回報

正如社會上所說的，人不知報恩是無可厚非的，人之所以經常埋怨別人不知感恩圖報，是因為自己給人的往往比要求別人的少。

（在聖赫雷諾島向萊斯・卡茲所說）

不可諱言地，我們暗中希望別人有所回報而採取行動去做某一件事的情形不少，這句話正一語道破人類的自私一面。

某日，拿破崙正在閱讀阿波里・普・薩拉沙的『隊商之宿』，讀到「人在關鍵時刻不變」這句富有深遠的話時，便說了上述那一段話。

薩拉沙是擔任內務省局長的詩人，一八一一年發表的『隊商之宿』是從西班牙文的原文翻譯而來，在書中有「人知恩不報」這段話，而拿破崙提出了開頭的話做為反駁。

在人的觀念中，常有「我既然幫忙你到這地步，你應該有所回報」的想法，這種事先經過打算的心態，往往得不到回報，無法如願以償。不僅如此，如果抱著某種期待，反而遇到對方背叛你的行為，那麼你的憤怒將是言語難以形容的。

「將部屬提拔到這地步，一旦有事，他應全力以赴來幫助我才是。」

這樣的願望無法實現的情形非常多，這點許多人都經驗過，然而，明知道如此，人還是會在不知不覺中將願望寄託在對方身上，這或許是人的通病之一。

「不要要求別人給予更多的東西。」拿破崙在深深瞭解人的弱點之後所說的話，不是更具有說服力嗎？」

各位認同這句話的人應不少吧，總之，不要過度要求別人回報，就可以降低不信任人的情形。

11　勿以誘餌釣取人心

我不會以金錢或地位當做誘餌，來收買選票或黨派，即使在重要關頭也絕不做這樣的事！

（在聖赫雷諾島向萊斯・卡茲所說）

拿破崙在一八〇七年八月將共和曆八年（一八〇〇年）依據憲法所設置的護民院廢止，這是七月法國與俄國締結塔爾西條約不久以後的事，此時期正是被視為「霸者」的拿破崙儘享光榮及名聲的時候，廢止護民院的理由，根據歷史學家達艾爾所說：「國務院所作的決定，護民院只會在背後暗中批評，變成了第二個國務院。」

與萊斯・卡茲說的時候，因為提及這件事，拿破崙認為護民院只是花錢的無用東西，沒有必要保留。

「我知道一定有不少人會大聲疾呼，這樣做違反了法律，但我是個實力派人物，國民全面信賴我，我自許為一位改革者，我清楚地知道，斷然廢止護民院是為了國家！」

拿破崙是如此充滿自信，因此，他不屑於許諾給任何人，以金錢或地位來收買他們。

對於自己所深信不疑的事情，不需使用手段，只要斷然實行的勇氣，這才是領導者所必須具備的條件之一。拿破崙這種非同尋常的信心，頗值得我們學習。

選舉之際，政治家們無不大開空頭支票，或想盡辦法來收買人心，但像拿破崙這樣有自信的人，實在少見。

「有時，應經常和部屬們一起飲酒，聽聽他們的意見。」

我們常聽到這樣的論調，但是，日本式的懷柔政策應適可而止才好。對待部屬有一定的「分寸」，否則，極易令人產生賄賂、籠絡部屬的錯覺。

例如，對部屬說：

「再也沒有人比你做得更好了，我一定要提拔你做課長！」

像這樣以信口承諾來勉勵部屬，想使他更賣力工作，是忽略人性而愚蠢做法。想要以某種東西做為誘餌，釣取人心，可以說是最低劣的方法。

12 訴諸感情只會帶來負面影響

人最好不要被憎恨所俘虜，傾聽一切事情，理性尚未出現前，不要表明態度。

（給警務大臣薩維亞里的信，一八一〇年六月三日）

警務大臣福西哀想要對拿破崙保密，進行對英和平的交涉，因而觸怒了皇帝，終於被解任。而繼承他任務的便是薩維亞里將軍。拿破崙寫了一封信給新任的警務大臣，說明做為警察人員應有的態度。

以拿破崙來說，福西哀不夠嚴格，有時他這種嚴格歸諸於拿破崙，在下達恩赦的命令時，又常常把恩惠攬在自己身上，彷彿都是自己的功勞。因此，拿破崙告誡薩維亞里不要重蹈前任者的覆轍。

「你務必採取嚴厲的手段，無論如何，必須使用正當的方法，如果是正當的行為，即使訴諸嚴厲的手段，那也是你應盡的義務之一。」

拿破崙如此要求薩維亞里，務必徹底做到公正無私，並告誡他：

「要取締不法事件時，絕不要被感情所左右。」

的確，警察的行動不能決定於感情的好惡，這姑且不論。從狹義上來說，掌握部屬也是同理，為了自己的私心或利益，而安排部屬的職位及陞遷，是最不明智之舉。

人將自己的感情暴露出來時，對方的感情也因此有所轉移，如此一來，不要說互相溝通意見，恐怕會增加雙方的間隙，擴大彼此的裂痕。在人際關係更形複雜的現代社會中，我們應儘量克制感情用事，訴諸於理性，在對待部屬上，理性更是不可或缺的重要因素，一個大公無私的上司，必然會受到部屬的尊重與愛戴。

13 要熟語部屬的心理

對於一位將軍所要求的第一項才能，便是熟語士兵的心理，巧妙地獲得士兵的信賴。

（向西布達所說）

這句話與後面所敘述的「將軍應與士兵打成一片」有共通之處，兩者都是強調將軍應瞭解士兵的心理，培養親和力，與士兵打成一片。

拿破崙本身做為一位將軍，當然是努力於獲得士兵及部屬的信賴。

一八一三年八月，拿破崙與俄國、奧地利、波斯等三國的聯軍對陣，在薩克塞王國首都普里斯塔獲得大勝。但是，波斯的約克・夫奧・烏爾德布公爵卻說：

「拿破崙的天才，只能單獨發揮而已，由於他的天份，才獲得佩溫伊埃及普里斯塔的勝利，但他的勝利並不可靠，沒有一定的保證可以一直持續下去……。」

畏懼拿破崙才能的聯軍，在此年的三月「德國解放戰爭」開始不久，紛紛避免與拿破崙親自指揮的部隊發生正面戰鬥，而只在離開拿破崙很遠的地方，才對拿破崙手下的元帥所率領的軍隊展開攻擊，為了自保，聯軍不得不採取如此戰術。

在此之前，依據皇帝的命令而行動的元帥們，必須依靠自己的判斷而作戰，如此一來，對他們成為苦不堪言的工作，他們所犯的作戰上的錯誤，可說是慘不忍睹。自從五月的利索伊恩一役戰勝以來，拿破崙天才式的機動作戰法，確實獲得勝利，但由於元帥們的錯誤，不得不前功盡棄的戰役，卻不計其實。

結果，元帥完全喪失自信，不僅如此，更累積了對皇帝的不滿。

秋天氣息濃厚的十月，聯軍在普里斯塔北西約八十公里的拉伊布基方面集結，看了這個動態，莫不令人憂心，如果拉伊布基被占領了，勢必會切斷法軍往西的退路。

「在這個時候，必須讓全軍在我的指揮之下，但是在此之前要讓他們知道我信賴他們，先決條件是讓發出不平的他們再次對我心服。」

這樣想著的拿破崙，在拉伊布基的戰鬥（十月十六日到十九日）之前，從十月十四日到十五日。命令全體元帥在司令部集合。

他們不要說對皇帝信賴，反而全都露著一張撲克牌臉，意氣消沈極了，尤其是第一次義大利戰役以來的勇將奧茲紐羅，更是面色凝重。

「怎麼回事，從前的奧茲紐羅究竟跑到哪裡去了？」

拿破崙故意用很爽朗的語氣嘲弄奧茲紐羅。

北義大利羅巴提亞地方的卡斯達利奧攻防戰（一七九六年八月五日），能使奧地利軍潰走，完全是奧茲紐羅奮戰的結果，如今他卻一副喪家之犬的模樣，往日的雄風亦不復存在。

「陛下，義大利派遣軍如果能交給我的話，我就能回到卡斯達利奧茲侯的奧茲紐羅。」

奧茲紐羅的回答看來非常坦直，毫不客氣。但是，拿破崙一點也不生氣。

「戰鬥要獲勝指揮官的軍事天才當然很重要，然而，指揮官的士氣更重要！」

拿破崙以溫和的口吻說著，那天晚上大家仔細地交談著，互換意見，直到夜深為止。

自從「德國解放戰爭」以來，元帥們所犯的重大錯誤，拿破崙並沒有用任何一句粗魯的話，來指責他們。不僅如此，他還把他們過去輝煌的戰功，一一列舉出來，盡力鼓勵沮喪的元帥們：

「我確信，你們只要全力以赴，一定能恢復過去的水準，得到決定性的勝利！」

聽到皇帝這一番話，元帥們的精神為之一振，走出了司令部，再度對皇帝產生信賴，燃起新的鬥志。

拿破崙彷彿看過玻璃一般，完全掌握了元帥們的心理，他打開胸襟，與他們長談，努力取得他們的信賴最後終於有了成果，元帥們在拉伊布基一役，完全與從前判若兩人，勇敢地投入戰鬥。

然而，他們如此勇敢善戰，卻由於薩克塞王國軍的叛變，拿破崙不得從拉伊布基往西撤退，時間是十月十九日的黎明。

再回到我們開頭的主題。繼任里西紐亞為內任內務大臣到一八〇四年末的化學家錫比魯，曾如此敘述：

「法國軍隊的士兵，對於將領的才能及勇氣有一套嚴格的判斷標準，而對作戰計劃及所有的軍事行動，自己也會檢討，對作戰沒有異議。且對長官表示尊重時，什麽事都能達成，但相反情形時，無法期望他們能為你帶來勝利。」

像這樣讓具有法國人愛講道理性格的士兵心服，並不是簡單的事，正如拿破崙所承認的

「並不是僅僅發動機器，具有理性的人必須加以指揮。」

在拿破崙開頭所說的話中，如果把「將軍」換成「上司」或「士兵」，也未嘗不可。

人不是機器，對一個具有思考力的部屬，如果想憑藉身為上司的權利，頤指氣使，必定會招來反抗之心。既然想要成爲萬人之上的領導者，就應放棄自己的私心，事事以部屬的立場來著想，多給予關懷與照顧，這才是一個領導者應努力的目標。

14 督促部屬注意的要領

與其憎恨，不如提醒對方疼痛的地方，我不會因別人的疏忽，而執拗地生悶氣。

（向私人秘書福恩男爵所說）

拿破崙與部屬接觸的基本態度從以上這段話便可明確看出來。

拿破崙的血液中，流著科西嘉人的激情，因此，確實有容易動怒的性格。然而，他的脾氣有如煙火一般，稍縱即逝，絕不會執拗地生氣，讓自己陷入陰沈的氣氛，一直對別人的過錯懷恨在心，這正是他的優點。

另一方面，正如福恩所形容的拿破崙：「在指揮部屬時，由於有一份自制力，他很早便培養了遇到事情時克制自己情緒的習慣。」這種自制力的作用當然無庸置疑。然而，身為一個領導者，如果對一切事情視而不見，對自己又如何交待，如此反而會讓部屬看輕，並是做一位好好先生，就能贏得部屬的信賴及敬重。因此，要掌握部屬時，拿捏的分寸確實不容易。

據福恩男爵說：「拿破崙最害怕的事，是被認容易應付。」因此，克制情緒的反面，他不習慣被別人所畏懼。因這緣故，拿破崙有時也會出現和人反唇相譏、惡言相向的情形，有時，則毫不客氣說些傷人的話。

某日，拿破崙對福恩男爵說：

「諷刺別人有時是不得已的，因為嚴格的態度需要獲得支持，所以需要一些諷刺的話來提醒他們，否則，對方會認為我已同意他們的方法，會被對方所擺佈。」

的確，拿破崙的話不是有幾分道理嗎？與其向對方怒吼，不如諷刺一下他們，讓他們有所領悟，這也是一個讓別人深自反省的方法。與其正面怒斥，使他們心裡吃味，對自己產生嫌隙，不如以深刻的諷刺，促使他們注意，這也是一種手段。

如果，你心中所說的話不說出來，只是一味地壓抑著，那麼，你心裡所累積的不滿，在無形中會變成對對方的憎恨。如此一來，與對方的鴻溝愈來愈深，會產生令人意料不到的反效果。

因此，稍微戳痛對方的痛處，乾脆讓怒氣爆發出來，因為，一個怨恨得不到渲洩的人，或一個永遠記恨的人，就沒有資格成為一個有氣度的領導者，一句話也不說，只將憎恨埋在心底，只會讓你自食惡果！像拿破崙這樣，可說是對自己的情緒掌握得非體得宜，絕不會讓憎恨留在心底，造成負面情緒，這也是統御部屬的要領之一。

15 讓部屬清楚地說出自己的意見

我即使被人反對，也不會生氣，不僅如此，希望藉機向對方請教。我大膽地發言，毫不客氣地把自己的意見說出來。

（向國務院議員所說）

這句話正表示了拿破崙掌握人心的訣竅。

拿破崙雖貴為皇帝，但在與部屬討論事情，卻一點都不在意有反對意見，不僅如此，在秘密會議時，在不會有發言內容外洩的情形下，儘量讓對方發表反對意見。

但是，無論是國務院議員或是上院議員，有勇氣說出反對拿破崙的意見者，畢竟不多。因為，大家都害怕不小心被開革，況且，拿破崙很慷慨地給他們高薪，如果不幸被革職，豈不是失去一筆可觀的財富！

對於議員們這種劣根性相當輕蔑的拿破崙，遂在國務院會議時說：

「我命令你們發表意見，並不是叫你們說對我的意見！」

他經常這樣譴責和他見解相同的議員。

「發言者為了看出主君的意見，莫不用力揣測，我已發現這點。如果他們認為自己說的就是我的意見，便很高興，相反地，覺得是相反的意見時，就會感到困惑不已。」

拿破崙回想與議員們的接觸，驚覺他們之中還是以懦弱無主見的人居多。

因此，拿破崙只要一逮到機會，便會以輕鬆的口吻，說出開頭的那些話。

由於拿破崙如此關心各種不同意見，議員們最後也能無所顧忌地表達自己的意見，於是，反對意見不斷地出現，會議也更有效地進行。

如果只想利用自己的地位，極力封鎖反對意見，這樣的領導者，絕對無法成為受人擁戴的領導者。

一般來說，當我們自己的意見遭到反對時，極易引起人格被否定的錯覺，而因此懷恨在心，但是，反對意見絕對有其必要，因為唯有議論百出，容納各種不同的意見，才能獲最佳的結論，真理是愈辯愈明的！

16 領導者需與部屬同在

自然使人類在某點上平等，因此，我加入士兵們的行列中，與庶民階級的男子坦誠地談話，且對他們的問題保持認真的關心，這就是我受人歡迎的原因。

（向英國海軍軍醫奧麥拉所說）

拿破崙如何掌握人心？從上述我們便不難理解。

對拿破崙一直懷有好感的軍醫，就是一個能和拿破崙剖心交談的人。

某日，拿破崙被一英國人部屬以驕傲的態度攻擊他，眾人指責他上下之間的隔閡太大。但拿破崙卻說：「你應該放棄這樣傲慢的態度，今後應看重士兵及庶民。」此人雖是一位高級軍醫，但經常與水兵們相處，所以拿破崙的話令他突有所感，似領悟了一些道理。

「我不會去介意和士兵們在一起，與他們相處時，我都使用『你』、『我』這樣親密的稱呼，互相交談，因為本能上能彼此心靈溝通，他們認為我是他們的保護者，為了他們而抵禦外侮。」

拿破崙在聖赫雷諾島這樣回憶著，他確實很懂得士兵的心理。

一八〇五年十二月一日夜晚，隔天就要展開對阿烏斯迪利的戰鬥前，拿破崙巡視了俄國的羅恩亞陣地及自己眼前的野營地，向每一位兵士說著親暱的話，目的就在於鼓舞他們的戰鬥意志，然後，他向某一擲彈兵部隊的士兵說：

「戰鬥的情況稍微有異時你們感覺得到嗎？皇帝會揮起劍，跑到戰況最激烈的地區去！」

也就是說，在最重要的關頭，皇帝會和士兵們一起戰鬥，同甘共苦，休戚與共。

此時，一名受傷的老兵，悄悄走進來對拿破崙說：

「陛下，你不必將自己暴露在敵軍之前，我代表全體的擲彈發誓，明天請陛下在一旁觀看戰鬥的情形，看見我們獲勝，為了陛下的加冕紀念日，我們要以敵人的軍旗及大砲來做為禮物！」

湊巧的是，十二月二日正是一年前拿破崙在巴黎的聖母院舉行加冕儀式的日子。拿破崙在各連隊之前，一一向他們打招呼。

「今天，諾曼第的人表現實在太優異了！」

主要以諾曼第地方卡威特縣的壯丁所組成的第二十八連隊，聽了皇帝的話，莫不感激而精神振奮起來。

來到第五十七連隊時，拿破崙以高昂的語調對士兵說：

「數年前我給了你們一個綽號叫『健壯者』，你們還記得嗎？」

士兵們一聽大為感動，頓神勇氣百出，有人歡欣地說：

「啊太好了！皇帝竟然還記得我們以往的功勳！」

一八一四年四月五日，拿破崙曾這樣說：

士兵與將軍的一切是相共存的，將軍的幸運或不幸，將軍的名譽及信仰，都會深深影響士兵。

這便是他的信念。因此，一個將軍在士兵面前表現倨傲、高高在上不可侵犯的態度，只會帶來負面影響，拿破崙在開頭所說的話之前，曾感慨向奧麥拉說：

「一個領導者態度傲慢絕對沒有好處，反而會造成不良的影響，老實說，那樣睥睨一切目中無人的態度，究竟有什麼用？」

總之，做為指揮官的人，應透徹瞭解士兵的內心深處，這就是拿破崙對待士兵及部屬的基本態度。

17 叱責與憤怒也需經過考慮

我對於大臣們或其他的要人犯了重大的過失時，覺得生氣是當然的道理，實在怒不可遏，要質問當事者的場面，經常考慮讓第三者加入。想要對一個人開刀時，應把他的痛處告知大多數的人，這便是我的手術法，被教訓的人也完全不會懷恨在心。

（在聖赫雷諾島向萊斯・卡茲所說）

作家史布波利有時贊同拿破崙有時疏離他。一八一四年四月，他甚至出版了一本小冊子，標題是「為了法國及歐洲的幸福必須擁護正統王朝的王子」，顯然有意與拿破崙公然作對。

一八一一年二月二十日，史布波利成為法蘭西學院的院士。而在擔任學院的院士，有一項慣例，即必須舉行一場就任演說，來讚美前任者的功蹟。而在正式就任日期之前，新任院士必須把演說的草稿提交給學院，學院當局看了史布波利的演說稿之後，莫不愕然。拿破崙不但沒有讚美前任者史尼哀的人品及功績，反而說他贊成處死路易十六世，說了不少他的壞話。

結果，學院不允許他就任儀式那天宣讀這篇稿子，這件事當然傳到了拿破崙的耳中。

「把讚美布爾波家族否定帝政的傢伙全送到威思塞監獄去！」

皇帝的聲音因憤怒而發抖著。

重臣之一也是學院院士的路易・普・塞基尼伯爵，在皇帝就寢前來到許多人聚集的席上，強烈主張應讓史布波利宣讀那篇演說稿。

於是，拿破崙瞪大了眼睛怒吼道：

「法蘭西學院什麼時候成了政治集會，降低了格調！連你都允許這樣的政擊文章嗎？……你認為我只是一個權力篡奪者嗎？我沒有把你們任何一人趕出王位，因為我發現了埋沒的王冠，把它拾起，而人民把它戴在我的頭上而已，希望你們尊重人民的行為！」

因此心懼萬分的塞基及伯爵，翌日謁見皇帝，提出辭呈，但拿破崙卻溫和地對他說：

「是因昨天那件事而起的嗎？我責備你令你沮喪，自己也感到很痛苦，但是，我必須那樣做，才能使許多人心理上有所警惕。如果那樣做有什麼效果出現，我們兩人不也值得安慰！不要再介意那件事了！」

對於做出錯誤的人，故意在大庭廣衆之下怒罵他，藉此警告其他人，這就是拿破崙的做法。如此一來，其他人可因此引以為戒，可說是一石二鳥之計。有時，則不妨故意裝作生氣的樣子，讓別人知道你的態度。

關於拿破崙開頭所說的話，接著還有另一段話：

「另一方面，在場人士的表情及困惑才是値得一看，那些人在不知不覺中把自己的見聞傳了開來，並接二連三傳述下去，逐漸產生良好的效果，加深人們對社會集團的憂患意識。因為事情都往好的方向進展，於是我懲罰他們的事逐漸減少，並且不會讓他們遇到痛苦的結果。」

從這段話可以淸楚看出拿破崙的意圖。正如萊斯・卡茲所說：「皇帝的行為看來似乎訴諸於感情，其實，他都是經過考慮的。」

的確，以上就是統御部屬的要領之一，但拿破崙的做法並不一定適用於任何人。舉例來說，塞基尼伯爵的情形之所以能順利達成目的，是因他性格溫厚且一向對拿破崙心服。

相反地，已經對拿破崙抱有背叛之心的塔拉伊，在衆人面前蒙羞，反而加深了他對拿破崙的憎惡，也因此埋下使拿破崙沒落的原因。

畢竟，在使用拿破崙的方式之前，應衡量對方的氣質及平素的行為，不能忽略考慮的必要。

18 根據行動而判斷人

我們常說，瞭解一個人的性格，即是解開他一切的鑰匙，但那是錯誤的。本質上誠實的人，也可能有不軌的行為，而心地善良的人，卻可能對人採取惡毒的態度。那是因為，根據性格而產生行為及行動的人可說絕無僅有，人多半在逃避至內心深處隱藏時，因隱形的情念出現而採取行動。

（在聖赫雷諾島向萊斯・卡茲所說）

拿破崙反對詩人兼高級官吏亞普里亞・普・薩拉塞認為「人的行動可由性格看出」的說法。

這句話顯然傾向於道德的觀點。的確，人的性格不一定原原本本反映在他的行動上。如果性格真的決定了一切，那麼，不也說明了擁有不良行為的人性格一定不好，而行為良好的人，經常就是具有良好性格的人了！以性格來判斷人的行為，只會變成似是而非的結果。

我們從很多例子便不難發現，即使性格良好的人，也可能在無意識的情況下做出違法的行為，相反地，性格偏差的人，也可能表現出良好的行為。

人的行為在平素不會表現出來，而是根據行為當時的深層心理來判斷其動機、目的，某一個行為的背後，往往隱藏了秘密的意圖，要看出這些意圖並不容易，而人們通常在得知別人企圖不良時，就判定他的行為不良，如此單純的判斷方式，是否妥當，實有待商榷。

拿破崙更進一步地斷言說：

「臉反映心理這句話也是錯誤的。」

要瞭解一個人是極其困難的，因此有時必須借助對方的行為來判斷一個人。但是此時應有一前提，即「以當時的行為為限」，絕不能以對方以往的行為來判斷他，以免以偏概全。

以拿破崙的方式來說，人的某種行為，是一時難以壓抑的感情的表露，人難免有衝動的時候，因此絕不能就此論定某人的性格。

總之，我們不能由某種行為來斷定某人的性格，而是應以行為來判斷一個人，才不會有錯把好人當壞人等事情的發生了。

第二章
關於常勝戰略、戰術箴言

從某種意義來說，拿破崙的軍事天才，如果被敵人學會了戰略及戰術的方法論，就喪失了他一向呼風喚雨的力量。

但是，拿破崙所採取的「兵力集中作戰法」，確實令人感到他果決的天才。在第二次世界大戰結束之前，各國的指揮官仍競相模仿拿破崙的兵法，乃是不爭的事實。

事實上，「兵力集中作戰法」也許並不適用於現代，在中東的局地戰則另當別論。今後如果發生戰爭的話，採取核子戰爭的形式將是無可避免的，具有可怕殺傷力的核爆對人的生命危害甚大，如果兵力集中一處，則受的傷害將更大。

不過，拿破崙的戰略、戰術思想中，值得現代人學習的地方倒是不少。

例如，在滑鐵盧一役時，拿破崙曾如此批評威靈頓將軍的佈陣方式：

「摩沙茲陣地選得不好，做為戰場的第一條件，就是不要背向著隘路。」

拿破崙又指出：

「作戰指揮只是將軍一切工作中的一半而已，確保聯絡手段才是將軍最重要的目標之一。」

為了以防萬一，確保後退路線及聯絡路線，在近代戰爭中也是不可忽視的一環。

除此之外，拿破崙對作戰有更精闢的見解：

「沒有所謂本來的戰鬥隊形，對戰鬥隊形加以規定並無益處，反而有害。」

現代法國首席的拿破崙研究專家茲安•達拉爾曾說：

「拿破崙對戰爭的想法，與其說是西洋棋式，不如說是撲克牌式。」

以上所敍述的拿破崙的言論，可以說是真知灼見，一點都不容懷疑。在時時刻刻變化的戰場上，無庸贅言，絕對需要臨機應變的判斷。

總之，對於拿破崙的戰略、戰術我們如果有任何想法想加以實現時，頗值得做為參考。

1 保持守勢將永遠無法前進

躲在戰壕中必自取滅亡，這是兵法上的定論，從經驗、理論上來說，這點已無庸置疑。

（拿破崙所著《波可爾的晚餐》中的一節）

被巴歐里派所逼迫的拿破崙，與家族一起逃離科西嘉島。一七九三年六月在普威羅登陸的拿破崙上校，不久便任命為南法的火藥輸送指揮官，而有機會到波可爾，在那兒他寫下了『波可爾的晚餐』這篇短文，時間是此年的七月二十九日。

這是一篇以軍人拿破崙與馬賽的商人尼姆兩人對當時的政治、軍勢情勢所做討論為形式的文章。

在此所引用的是拿破崙在談論中所說的話，從這段話裡我們便可以看出拿破崙的戰術思想。

此段話令人聯想到一句自古以來常說的名言：「攻擊是最好的防禦。」

的確，躲藏在壕溝中的部隊，不可能戰勝，而是找機會轉向敵人攻擊，否則，不久就會被敵人包圍而自斷生路，變成無法挽回的結果。

第一次世界大戰後的法國，忘記了拿破崙的教訓，所謂的「馬其諾防線」，便是犯了構築要塞線這種愚昧的錯誤。這是當時的陸軍總司令阿布雷•馬其諾所提案的防禦工事，從一九二七年開始花了九年時間才完成的廣大要塞線，完全採取防衛主義，也象徵了法國陸軍的戰術思想。

在這防線地下數層中，有完備的空調設施及豪華的電影放映室，令人以為，「只要待在這要塞中就一切安全了」，因此，法軍完全喪失了攻擊精神。

「不惜耗費鉅資所構築的防禦線，何必從那裡出去攻擊，沒有必要！」

這就是法國陸軍高層領導者們片面性的想法。

如此一來，士兵的鬥志當然會明顯減低，再加上沿著東方及東北方國境線的要塞線，並沒有完全延伸到北部的比利時國境線。法國陸軍的首腦們，也完全沒有考慮到拿破崙為了防止聯軍從北方進擊，越過比利時國境線在滑鐵盧作戰的事實，但是，自古以來，敵人經常從比利時進攻法國是歷史上屢見不鮮的例子。

結果，被誇耀為固若金湯的馬其諾防線，終被德國空軍所破壞。一九四〇年，輕易被敵人由比利時方面侵入，要塞線竟變成無用的廢物！

「躲在戰壕中必自取滅亡。」

拿破崙的教訓，輕易地被法軍所遺忘，根據防衛思想所構築的要塞，顯然只是戰費上的一大浪費而已。

拿破崙這句話，不僅在兵法上，對於人生也非常適用。

人生活在社會上，如果只有「防禦」，必定不會有所進步，必須擺脫以往的窠臼，嘗試新的突破，如果不下定決心放手「攻擊」，只會遭到淘汰的結局。維持現狀也許沒有危險性，但畢竟終會變成無趣的人生。

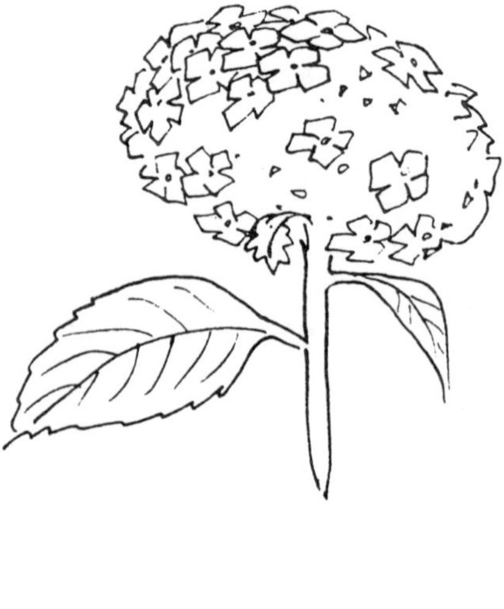

2 攻擊應採取集中一點方式

當我方的兵力處於劣勢，卻與敵方的大軍對峙時，本官會對於敵方兩翼之一採取電光石火般的突襲，擊退他們。然後趁著敵軍混亂之際，再以我方的全部兵力攻擊敵方的另一翼。如此以優勢的兵力壓制敵方，使他們反勝為敗，才能得到勝利。

（寫給前陸軍總司令科伊艾的信，一七九六年八月）

以上可說是表現義大利派遣軍最高司令官拿破崙軍事天才的一段話。

一七九六年八月初，在北義大利羅巴提亞地方，拿破崙的麾下馬塞那將軍擊退了奧地利的克塔威基將軍。拿破崙立刻攻擊了在羅拿特以南約二十公里的卡斯迪里奧佈陣的威爾薩軍隊。

「敵方的正面很堅固，但兩翼極易攻擊，繞過去！」

經過判斷後，拿破崙立刻下令說：

「奧茲尼洛向敵軍的左翼展開正面攻擊，馬塞那再從其左翼予以痛擊，而基爾麥斯騎兵部隊在奧茲尼洛部隊的右方及後方做後援。」

此時的兵力，威爾薩軍約有二萬四千，而拿破崙軍約有三萬。「我方的兵力處於劣勢。」這是拿破崙的誇大之詞。一般來說，在「兩翼兵力稍弱」的情況下，軍隊都會把兵力分為兩路分別攻擊敵軍的兩翼。

但是，拿破崙最高司令官先發動全軍攻擊敵軍的左翼，在此期間，從敵人的背後進擊夫歐雷拉騎兵部隊，攻入敵陣。因此，威爾薩軍不得不往達洛爾方面敗退。普魯士的軍事思想家克拉溫賽十分激賞拿破崙此次的作戰戰略，稱許它是「戰史上最佳的範本之一」。

此次的作戰，使拿破崙的軍事天才表露無疑，例如，他曾說：

「迅速集結全軍，攻打敵人兩翼中的一方，接著趁其混亂之際，再擊破另一翼。」

拿破崙所採用的正是將攻擊力集中一點的方式，而他卻是在突然的決斷下，採取這樣的攻擊方法，最後能獲得成功，憑藉的完全是過去所累積的經驗與智慧，才能有正確的判斷。

俗語說：「追兩兔者不得一兔」，人的力量有限，所以一次只能對一件事情集中注意力，盡力去做得盡善盡美，如此才不會顧此失彼。因此，無論再完善的計劃，我們都應學習拿破崙的方法，一次對一項計劃集中全力，在未獲得成果前，絕不分心去注意其他的事情，這才是成功的秘訣。

3 不能讓敵軍有集結兵力的時間

除了極少數的例外，兵力佔優勢的部隊總是握有勝利的保證，可說是穩操勝劵。因此，以兵法上的理論來說，發動戰鬥的地點，必須兵力勝過敵方才行，如果我方的軍隊比敵軍的兵力差，便不能讓敵軍有集結兵力的時間。應在敵軍移動中予以突襲，然後順利地使其孤立的各軍團迅速逃竄。無論遇到任何情況，必須讓我方全軍與敵軍的數個軍團對峙，企圖採取戰術性的移動。

（在埃及向隨行的劇作家亞爾諾所說）

此段話令人不得不佩服拿破崙的軍事天才。關於拿破崙在戰術上的原則，前面也已敍述過是「兵力集中一點主義」。雖然，兵力的優勢是勝利的充份條件，但能發揮機動力，以全軍來應付分散的敵方部隊，也是戰鬥獲勝的保證。

「如果讓部隊分散的話，最後絕對無克敵制勝。」

「應勸告芮伊將軍，在進擊之前需把部隊集中在一起，才能避免陷入危險的狀態，以及無謂的犧牲。」

拿破崙告誡麾下將領們注意「兵力分散」的危險，以上只是其中的兩個相關談話，其他的例子更是不勝枚舉。

拿破崙的兄長約瑟夫在做為軍人方面完全沒有天份，與拿破崙恰好相反。他如果不到處配置兵力，便會感到不安及恐懼。他未考慮到，完整的兵力可使軍隊支撐得更久，卻將兵力分散成兩路，反而更容易被敵軍擊破。

在給拿波里王約瑟夫的信中，告誡了他分散兵力是最危險的作戰戰略：

「大舉進擊時，不要讓部隊分散。……你真不懂兵法！要斷然下決定，需完全掌握部隊才行。而且，把一萬八千名的兵力集中在一點必能粉碎敵人。以縱陣的方式配置部隊。看了你的信，你似乎還沒有完全清楚集結部隊的重要性。」

拿破崙認為，在戰鬥的地點，應保持優勢的兵力為第一要務，而分散兵力正是愚蠢的方策，向亞爾諾說明之後，他作了這樣的結論：

「如此一來，即使兵力只有敵軍的一半，在戰場上也能攻無不克。」

4　考慮計劃可能的變數

所謂兵法，首先是估計所有的機會，接著，可說是以數學的方式，正確地考慮變數。

（第一執政時代向學者路易・特・佛達姆所說）

某日，拿破崙第一執政與學者討論起歷史。從亞歷四世談到路易十四世，並提及路易十四時代的將軍這一話題，趁此機會，拿破崙發表了他對兵法的獨特見解。

十七世紀的塔雷姆子爵，是當時位居第一把交椅的名將，也是以卓越戰略開名的戰略專家。他屢次擊敗德意志皇軍，提早結束三十年戰爭，此項功績，獲得極高的評價。但是，拿破崙卻很直截了當地說，如果是他，也可能擊敗他這樣的元帥，他所持的理由是：

「塔雷姆沒有考慮到戰爭中的變數，只是一直以自己的方式領軍作戰。」

然而，他對十八世紀初把法軍驅逐到義大利的奧地利歐伊卡公爵卻是推崇備至。因為，他認為歐伊卡公爵是「對變數給予最多關注的人之一」。

對於開頭的那段話，拿破崙還有更精闢的見解：

「在戰爭的場合中，一個小少的變數，無論是增多或減少，一切都會隨之大變，而能將科學及偶然清楚地掌握住，只有在天才的腦袋中才可能產生。因為在產生創造的地分都會有這樣的分配，可以為證。的確，人類精神最大的功能是臨機應變，此種能力可以無中生有，化腐朽為神奇，讓不存在的東西存在，便是因為『偶然』這變數。平庸的人，經常無法進入神秘的領域，但對優秀的人來說，許多不可能的事都可以成為確確實實的事實。」

正如拿破崙所說，把偶然改變為事實，需有相當的頭腦，因為偶然這東西是完全無法預料的。

「古代的人視為神秘的偶然，每天都出其不意地襲擊我們，每次都讓我們吃驚，這些偶然看來非常不可思議，異常奇妙。而我們之所以驚異，是因為偶然的背後常隱藏了無法探知的原因，我們只要找出這隱藏的原因，便能創造出不可思議的現象或產生神秘感。」

拿破崙後來在聖赫雷諾島談到他對偶然的看法。雖是偶然，他認為仍可以科學性的嚴密計算，予以預知，此想法一直保持著，終生未變。

尤其是在戰鬥中，想把「襲擊我們，每次都讓我們吃驚」的偶然列入考慮，研究周全的作戰計劃，並非簡單的事，戰爭中有太多的變數，但是，對於一位名將來說，隨時考慮變數，是最基本的素質的能力。

5 慎重防禦，大膽攻擊

戰爭的要領，即是防禦時應極度慎重，而攻擊時則應大膽且行動迅速。

（給兄長約瑟夫的信，一八〇六年七月二十八日）

某次，雷伊尼將軍麾下的法軍在拿波里北部的加伊他要塞被封鎖住了。受到英國海軍支援的叛軍們，完全動彈不得，但一直等待的援軍的雷伊尼將軍，卻久久未見拿波里約瑟夫派出援軍。

在這種危急存亡的時刻，把部隊留在拿波里是多麼不智的決定，想到這裡，拿破崙不禁嚴厲責備約瑟夫：

「你怎麼還像平常一樣，一副悠閒的樣子！」

由拿破崙看來，約瑟夫對於作戰完全是個外行人，他竟大膽地讓英軍登陸義大利，他叱責道：「你的防禦態度完全錯誤！」然後指示約瑟夫，果敢地發動攻擊戰，援救雷伊尼的軍隊，採取謹慎的防禦態度。

拿破崙所謂謹慎的防禦，便是指部隊的梯團配置，且各梯團能在極短的時間內整合在一起。對於如此謹慎的防禦態度，敵心必定是懷有戒心，不敢輕易出手。拿破崙接著指示：「趁著敵人之虛，朝著一定的目標轉為攻勢。」

拿破崙解釋道：

「由於防禦態度上的重大錯誤，當然會有不可收拾的結果。」

他更進一步勸告約瑟夫，讓兄長重新檢討自己的作戰方式：

「有激昂的士氣，部隊才能得救，也才能得到部隊的尊敬，連敵人都產生敬畏之情，這才是真正的將領！」

慎重的防禦及大膽的攻擊，也是我們在社會上一些競爭中所需具備的條件。

「有時極其大膽，有時異常慎重，這便是成功的要訣！」

拿破崙這句口號，無論在任何時代都不會褪色，可說是永遠的真理！

6 保持勝利最為重要

勝利本身沒什麼，乘勝追擊才是最重要的。

（給兄長約瑟夫的信，一八〇八年十一月十日）

上述這句話，是拿破崙用來鼓勵在西班牙逐漸消沈的西班牙王約瑟王再度奮起。約瑟夫不斷要求增援，西班牙的戰況絲毫沒有進展，感到不耐煩的拿破崙於是宣言：「對西班牙必須使用非常手段，我要痛擊西班牙，在一個月之內一定要獲得全面性的和平！」

他並親自於一八〇八年十一月初帶兵攻入西班牙。

由於拿破崙親自下命令，史爾特元帥在西班牙中北部的波爾科發動猛烈攻勢，與愛爾蘭出生的布林克將軍所指揮的三萬二千名西班牙軍對峙。史爾特的兵力只有七千名，然而，卻虜獲了西班牙軍的九百名戰俘及二千五百名死傷者。史爾特獲得空前的勝利，顯然地，法國士兵是因為聽到皇帝拿破崙進入西班牙，因而勇氣百倍，他的出現，鼓舞了士兵的士氣，終能反敗為勝。

拿破崙在史爾特的軍隊獲得大勝之後，毫不遲疑地進入波爾科。更進一步迅速地向南部的首都馬德里進擊。這是為繼續保持勝利，不讓波爾科戰勝的好機會溜走。「乘勝追擊」可說是拿破崙的戰法之一。

這看似極其當然的事，但事實上，人多半在一件事成功之後，想要稍微喘息一下，因而鬆懈下來。對拿破崙來說，進入波爾科並沒有什麼大不了，於是他在信中對約瑟夫叮嚀說：

「那樣的進城儀式，並不適合以作戰為職業的人。」

於是，他毫不喘息，讓威克特元帥領軍追擊向北方潰走的布林克部隊，親自於十一月三十日領軍抵達馬德里北部約一百公里的蘇墨伊分水嶺。

突破這座山嶺十分困難，但拿破崙命令波蘭騎兵強行通過，打開前往馬德里的進路。

趁著波爾科戰勝的優勢，拿破崙繼續攻入馬德里，於十二月四日進佔該城。

對現代人來說，成功之後的鬆懈之心是最大的禁忌，我們應以成功做為踏腳石，再尋找新的目標，追求另一次的成功，如此一來，你的努力將會效果百倍，最初的成功激發你新的想法，使你開拓更寬廣的人生境界。

拿破崙不僅認為「勝利之後應為下次的戰鬥做準備」，更告訴我們不要停歇努力，一直追求下一次的戰鬥。

7　不要拘泥於原則

一項原則在某種狀況雖然有利，但在其他的狀況卻可能非常不利。原則這東西，應看做一條曲線所交叉而的軸線，但不輕易放棄目前機會的原則，本身並不是太壞的事。

（在聖赫雷諾島向庫爾克將軍所說）

一位軍事天才應該有什麼特點？關於此點，上述的話正可以代表拿破崙的想法，他曾說：

「天才是靠靈感而行動。」

一八〇五年八月，英國、奧地利、俄國結成第三次對法同盟。另一方面，盟軍所依賴的威爾斯艦隊終於出現在英佛海峽。

拿破崙不得不放棄侵略英國本土的作戰，於是將法國大陸軍從面臨英法海峽的波羅尼移到遙遠東方的莫拉威地方，目的是要攻打在此集結的俄國、奧地利聯軍。

皇帝拿破崙在布里恩設置司令部，現在被稱為波諾的布里恩，位於威恩西北部，在其東北有奧米索，其南約二十公里處則與波蘭的國境相接。

拿破崙一到司令部，打開莫拉威地方的地圖，下令說：

「史爾特軍團到布拉蘇高地西過佈陣，密拉軍團在左邊待命，拉恩姆元帥則配置在右邊。」

聽到這消息的幕僚們，莫不懷疑自己的耳朵。

敵方的俄國、奧地利聯軍有七萬五千名兵力，紛紛集結在奧米索。史爾特、密拉、拉恩姆三軍團合計不過有五千名兵力。所以，將三軍團聯合在一起進攻兵力佔優勢的敵軍，是作戰上的常規。但是，拿破崙卻違反了「集中兵力」這項基本戰術。

顯然，拿破崙並不拘泥於所謂的原則，他根據判斷，做出不同的決定：

「不要把敵軍完全逼向北方，如果敵軍趁機繞到背後偷襲我軍，那麼一切都要前功盡棄。且奧米索的要塞一向是固若金湯……。此次作戰的著眼點是要把敵人引誘到南方來，將兵力分散，讓他們以為我們我軍沒有戰鬥的意志，我們等待敵軍落入陷阱再趁勢攻擊。」

在此次作戰中，採用兵力集中一點的作戰方式顯然是不利的，拿破崙以靈感察覺此點，這正是他天才的展露。

拿破崙後來在聖赫雷諾島回憶說：

「天才也可能在形式下被扼殺了，這樣的想法，是與天才完全無緣的人才有的，形式是為了凡人而設。凡人在規則的框框裡才能活動，這乃是無可厚非之事。但是，具有才能的人，無論怎樣被扣上手鐐腳銬，也能突破平凡的窠臼，創造一片新天地。」

此段話正說明了拘泥於「原則」的愚昧。

拿破崙本身，已在亞烏斯德利的戰鬥中發揮了這方面的軍事天才。

當拿破崙接到騎兵斥候的報告，得悉俄國、奧地利聯軍已從奧米索向布里恩方面開始進擊，他立刻下達命令：

「拉恩姆元帥，敵人已逼近威西維，稍事抵抗之後就往撤退，密拉元帥，如果未受到攻擊，就往後退，假裝全面性撤退前的徵兆，讓敵人鬆懈下來。」

最後，拉恩姆終於擊敗了聯軍的巴克爾基奧將軍，獲得意外的勝利。

這是拿破崙在戰術上的奇策，又一次令人讚嘆他的天才！

的確，在敵人面前做有意圖的退卻，需要有想當的自信，否則便無法斷然進行。

聯軍以為拿破崙已沒有作戰的意思，便向維也納撤退，拿破崙才正式一舉展開攻勢，聯軍輕易地被引誘到亞烏斯德利西方的布拉蘇高地，在決定性的一役中，終於嚐到敗北的滋味。不僅在軍事上的作戰，人生除了做為「原則」的軸線之外，也有曲線可走。只沿著軸線前行，也許能平穩無事，但絕不能有新的突破，因此，有時不妨繞道，往崎嶇的道路上去尋找桃花源。

8 決定勝敗的關鍵在於韌性的強度

決定勝敗的關鍵在於韌性的強度

（向內務部長史波塔所說）

拿破崙這樣說之話，回想起擔任義大利派遣軍時曾說過：

「我因為比阿爾華基將軍年輕，更有韌性，因此，我一直深信不移，將軍最會在我面前退卻，我之後也都以此為信心的根源。」

的確，義大利派遣軍最高司令官拿破崙將軍，以極大的韌性擊敗了奧地利軍隊。

一七九六年十一月，拿破崙剛被任命為奧地利派遣軍的司令官，對巴卡里出身的阿爾華基將軍，在北義大利予以攻擊。

阿爾華基將軍六十一歲，而拿破崙不過是二十七歲的年輕軍官而已。阿爾華基率領了二萬七千名士兵，沿著義大利東北部的布蘭恩河南下，另一方面相呼應的是有一萬八千名兵力的德華特基軍隊，也沿著亞迪茲河南下。

拿破崙將軍隊中的高級將領集合在維也納的司令部，對他們訓示說：

「阿爾華基的軍隊跟德華特基的軍隊相合流之前，要把在安爾可拉佈陣的阿爾華基軍隊完全殲滅。我們的兵力只有敵軍的一半，但小制大才是真正的勝利，這點絕不能忘記，靠著堅忍不拔的精神，我們必能獲勝！」

拿破崙對於在屢次戰鬥中已精疲力盡的士兵，最害怕的便是他們失去了這種堅忍不拔的精神。

果然，在抵達維也納之南約三十公里的安爾可拉的橋邊時，拿破崙軍隊的士兵們停止前進，因為他們看到橋前方鋪設的砲列，感到非常害怕。

看見這情形的拿破崙，認為這是個表現自己韌性的時機，於是想一馬當先通過這座橋。

「危險！」

突然在他前面叫住他的副官米伊羅中了敵人的子彈，當場死亡。

但是，看見拿破崙勇敢前進，沒有停下腳步，這種奮戰精神，鼓起了士兵的士氣，他們彷彿受到什麼力量的推動，開始向橋邊突擊。

阿爾華基在這場戰役中損失了約三萬至三萬五千名的兵力，這是拿破崙軍隊決定性的勝利。

十一月二十五日，開始在安爾可拉發生激戰，戰爭持續了三天。在這三天之間，拿破崙軍隊幾乎片刻都沒有休息，繼續戰鬥。這次的大勝，正是這位年輕的最高司令官的韌性及勇猛所帶來。

無可否認的，在安爾可拉一役中，奧地利軍奮力抵抗，不能輕忽，但憑藉年輕及體力的拿破崙，絕不會失去耐性，他隨時判斷敵情，愈戰愈勇，並重新研究作戰計劃。結果，他的執拗創造了輝煌的戰績。

在太平洋戰爭中，被封為「擊墜王」的日本海軍中尉S，即是以韌性及耐力贏得擊墜王之譽的著名飛行員。S中尉與敵軍開始交鋒前，在空中盤繞之際他常腦裡閃過一些疑問：「這樣好嗎？有沒有更好的戰鬥方法？」但他仍以耐性繼續與敵機纏鬥。於是，敵方的飛行員終於失去耐性，想要擺脫迂迴戰，趁這空隙，S中尉立刻以機關槍攻擊，使敵機墜毀，在空中戰鬥時，有這樣的耐性是何等重要。

不僅是戰爭，無論在學問研究、企劃立案或人際關係上，韌性的強度，將左右一切，在中途失去耐性，草率做出的企劃，絕不能獲得成果。

9 掌握整體的戰局

指揮軍隊的人，無論任何將軍的求援，都要依據其位置及狀況而決定是否出兵，切忌將軍一提出要求便決定增援。

（一八〇九年三月六日，向雷特累所說）

一八〇九年的二月下旬，西班牙王約瑟夫，應攻擊西班牙東北部薩拉柯要塞的元帥拉恩姆的援軍要求，派遣了一個師團前往支援，薩拉柯要塞最後還是陷落了，拿破崙十分不悅，於是立刻寫信給約瑟夫，批評兄長輕率的決定：

「你把增援部隊送到薩拉柯是大錯特錯的，因為那兒已有足夠的兵力。……將軍提出要求是當然之事，但沒有一個將軍會依靠援軍而獲勝。」

拿破崙寫完信還是非常不滿，所以對雷特累說了開頭的那段話。

約瑟夫認為必定是情況危急拉恩姆元帥才會要求增援，所以答應他的請求。對拿破崙來說，這正是軍人不應有的判斷，「增援的理由並不充份。」他說。

拿破崙更進一步向雷特累說：

「無論任何將軍，任何時候都會希望有更多的部隊，即使是比別人更具有勇氣的拉恩姆也不例外。將軍們的腦海中只有自己的使命及軍隊，他自然希望國家的全部軍隊都到他那兒集合。」

這段話恰好點出了將軍的心結，頗具真實性。

即使是前線的指揮官，也希望增加更多兵力，那怕是一兵一卒。但最高司令官如果答應所有前線將軍援軍的要求，那麼，最後將不勝應付。做為一位最高司令官，需考量全盤的戰局及攻擊的重要性之後，再決定如何因應。

這個觀念，也可應用於一般社會。公司的預算問題或人事問題，即使是總經理對於各經理、科長的要求也不可能完全通過，而應根據各部門所要求的緊急度及重要度，做適當的裁決，這也是企業經營者所應具備的條件之一。

10 以充份的勝算應戰

戰爭如果沒有百分之七十的勝算，便不應戰鬥。戰鬥的變化無窮，無法預知下一刻會有什麼樣的局面，除非再也沒有新的出路，否則絕不輕易交戰，先有十足的把握，才能放手一搏。

（給克拉克將軍的信，一八〇九年八月二十一日）

由於背叛拿破崙的塔拉伊秘密通敵，早已得悉法軍一舉一動的奧地利軍隊，於一八〇九年四月攻進帕伊爾地方。

這是奧地利所發動的戰軍，但拿破崙於五月便進入奧地利的首都維也納，在烏克拉姆一戰將奧地利打得體無完膚。

拿破崙並沒有陶醉在勝利的喜悅，但非常關心西方的西班牙戰役。

果然不出所料，在西班牙由西爾迪元帥所指揮的法軍，七月末在西班牙中部馬德里之南的德拉貝蘭被英軍所俘虜。那是因為史爾達的軍隊忽略了偵察敵陣的工作，讓史魯特元帥有機會從馬德里西方進擊，而且，法軍沒有等待史魯特軍隊的救援，便向英軍攻擊，這完全是作戰上的錯誤。

拿破崙對於發動毫無勝算的戰鬥的西爾達元帥極度憤怒，向陸軍總司令克拉克大加抨擊

「一旦決定戰鬥之後，只有勝利與死亡兩種結果，在開戰之後，就必須盡全力一搏，絕不能屈服退卻。」

然後他明確地指示，只要一進入戰鬥，下定決心一戰是法軍應採取的態度。

西班牙約瑟夫於七月三十日倉皇逃出馬德里，在此之前的七月二十二日，提霍恩將軍於柯爾德貝東北的巴南恩向西班牙部隊投降，有了如此屈辱的記錄，拿破崙的憤怒自然是可以理解了。

得到在巴南恩被敵軍降伏的消息後，拿破崙說：

「身為法軍，竟然在平地戰中被降伏，怎麼回事！因投降而失去的名譽，再也無法取回了！把提霍恩的部隊全部槍斃！」

他吼著，正好手上拿著陶製的洗臉盆，於是向著床用力敲打下去，令在一旁的隨從啞然無言。

在這場憤怒還未鎮定下來當中，又接到西爾達元帥敗北的消息，且又是一次作戰上的失誤所造成，拿破崙於是透過陸軍總司令克拉克向全體士兵傳達他嚴厲的叱責：

「要攻擊像英軍這樣攻陣上佔盡優勢的優秀部隊，應事先偵察敵情，也不偵察敵情，如何掌握敵軍，克敵制勝，這樣只是徒然將士兵送上死亡之路罷了！」

對於西爾達被指責發生無法挽回的過失，克拉克只能露著無奈的表情。

拿破崙向著全軍振臂高呼，為了挽回西班牙戰線的戰局，他要親自帶兵攻入西班牙。

於是，從九月末到十月中旬，拿破崙在東德的艾爾夫特與其皇帝露西亞會談，決定雙方聯手對付西班牙，為了減少來自東方的威脅，他必須與露西亞更進一步確立友好關係。

「現在開始，我來指揮作戰！」

拿破崙在西班牙北部的畢特利亞向全軍宣佈，此時為十一月六日。從此之後，戰局好轉，西班牙約瑟夫於翌年一八一〇年的一月二十日回到馬德里。

擁有充份的勝算，然後勇敢奮戰直到獲得戰勝為止，這便是拿破崙的基本想法。

「準備翌日的戰鬥時，仍有輕敵之心，疏於偵察敵情的將軍，必定會遭到失敗，一旦戰爭一起，連最後的一兵一卒都要投入！」

拿破崙的精神，在這句話中表露無疑。

在太平洋戰爭末期被非議為「作戰邪道」的日本神風特攻隊，隊員們壯烈犧牲的精神，也許在某方面符合了拿破崙的理念。

在戴高樂總統時代擔任文化部長的作家安爾德•馬洛曾說：

「日本雖在戰爭中失敗，但為了祖國以自己的身軀勇敢攻擊敵艦的特攻隊隊員，是世界戰史上無與倫比的勇士，這是日本值得誇耀的地方。」

對於這些讚美之辭，我也感到榮幸之至。

11 何謂戰術的三大原則

全力集結軍隊，不失去治力。不惜光榮戰死。堅定斷然一戰的決心。希望士兵們都不忘這三點，這正是戰術的三大原則。由於秉承這三大原則，我在許多作戰中都經常能獲得好運。死不足惜，但戰敗了並沒有顏面可言，反而生不如死。

（給羅里斯將軍的信，一八〇四年十二月十二日）

身為法國國民出身的皇帝，一八〇四年十二月二日剛舉行加冕儀式的拿破崙，心中唯一掛慮的便是宿敵英國的動向。英國以有力的艦隊把波里遜、杜倫等法國軍港全封鎖住了，法國艦隊被困在港口，動彈不得。

拿破崙派遣法國大陸軍到面臨英法海峽的布洛尼地方，但要進攻英國本土實在沒有太多的勝算，相反地，英國早已有侵略的打算，對法國虎視耽耽。

在這樣的情勢下，拿破崙命羅里斯將軍派遣威爾斯艦隊出戰，他以嚴厲的口氣向威爾斯的司令官傳令，告知羅里將軍。羅里斯是拿破崙的校友，兩人曾同在巴黎的士官學習，多次擔任拿破崙的副官，是個純粹的軍人。在給羅里斯的信中拿破崙寫道：

「希望你能回報我對你信賴。」

正如拿破崙的期待，羅里斯拼命說服害怕英國艦隊的威爾斯提督，勸他不要失去戰鬥的意志，傾全力迎戰英軍，一直不敢從杜倫出港的威爾斯提督，終於好不容易於一八〇五年三月三十日出港。然而，在做為軍人方面完全無能的威爾斯提督，雖在羅里斯的催促下，勉強開始行動，但那年的十月，仍在普拉夫爾加外海被納爾遜麾下的英國地中海艦隊所擊敗。

拿破崙對羅里斯所說的軍事心得，也適合於一般的社會生活。

在受到屈辱之後，我們究竟是要繼續生存下去，每天過著行屍走肉的日子呢，還是要奮發圖強，一雪前恥？這是個重大抉擇，不僅軍人會面臨如此的抉擇，常人也一樣會遇到這樣的關鍵時刻。

例如，在公司中受到冷落，感到屈辱的想法，常使人內心產生不平衡，彷彿這是莫大的恥辱。但為了要讓公司上層重視你，你本身更應努力向上，力求表現，以洗刷不受尊重的恥辱。當然，我們也常聽到「隱忍自重」這句話，勸人為了生存應能忍則忍，不必過於強求。至於什麼樣的程度才稱得上「恥辱」，其狀況感受性因人而異，不能一概而論。但是，如果感到「已經到了忍耐的極限」時，不如乾脆離開令你抑鬱不得志的環境，重新追求生活意義，這是一個人勇氣的表現，每個人都要適度保護自己的名譽，既然得不到應有的尊重，何需再苦苦戀棧！

第三章 有關勇氣、自信、決斷箴言

對義大利派遣軍最高司令官錫萊爾將軍來說，要遵照比自己年輕二十二歲的拿破崙將軍所擬定的作戰計劃而行動，無疑是一項恥辱。一七九六年，他寧願選擇辭職一路。於是拿破崙將軍便繼任他的職務。錫萊爾將軍雖富有才氣及勇氣，但是，卻顯得優柔寡斷。

「他缺乏決斷力，在戰爭時，應大膽一些，所以，優柔寡斷的他不適合戰爭，軍人應具備與才氣同等的決斷力。雖有獨特的才能，卻沒有決斷力的人，並不適合戰爭。這便有如帆柱與船底不平衡的情形，但如果欠缺才氣，卻具有很大的決斷力，反而有利。」

這是拿破崙對錫萊爾的評語。他又對西爾達將軍談到：

「錫萊爾的洞察力及智慧絕對足夠，但他總是無法明快地下決斷。」

對拿破崙來說，欠缺決斷力的人沒有做為軍人的資格，一個軍人在敵前如果失去決斷的信心，便無法作戰，更不用說要獲勝了。

不僅限於軍人，才需要具備決斷力，以一個企業經營者或普通的公司職員而言，多半體驗到某項決斷可能具有的重大意義，它往往左右了事情的成敗，甚至影響到全局，錯誤的決斷，極有可能使公司損失慘重，難以補救。缺乏決斷力，或因決斷遲了一步，產生不良後果的例子，的確是屢見不鮮。

然而，在現代社會中，無論是政治家或團體的領導者，完全欠缺決斷力的比例十分令人吃驚，他們不僅在重要關頭無法作決斷，更往往把問題擱置一旁，拖延解決的時間，這種現象不免令人憂心。

既然是自己下的決定，只需自己負責即可。只因不願承擔責任，便不敢下決斷，或拖延決斷，可以說是缺乏做人的擔當。一個公司的領導者，如果缺乏決斷力，或將一切的決定擱置，猶豫不決，在這樣的公司中，部屬們也無法期望未來的前途，在他的手下工作，只是註定失敗罷了。

總之，在現在的社會中，決斷力及勇氣是我們最需具備的條件。

1 沒有所謂的不可能

法文裡絕對沒有「不可能」這句話。

（拿破崙的口頭禪）

這不是拿破崙對某一位特定的人所說的話，他平日常說這句話，幾乎成了他的口頭禪。拿破崙最討厭「不可能」這句話，他深信自己有堅定的意志及強烈的信心，沒有什麼事是不可能，這便是他的信念。

國務院議員莫奈曾說：

「拿破崙因為十分相信自己的天份及手腕，因此，使其他各國國民品嚐了被征服的苦惱及屈辱。」

正如莫奈所坦承的，在拿破崙的自信之前，「不可能」這句話絕對不存在。

日本某家大企業在其職員守則中，有一篇是「禁止說的話」，其中有一條便是「在做事之前不要說我不會」。在做一件事之前，我們往往先找了許多困難，藉以逃避，例如：「那樣的事實在很難，我恐怕無法完成……」這是人的習性，我們總是以「不可能」來逃避責任，而失去了創造「可能」的機會。

拿破崙曾就此向國務院議員說：

「不可能這句話，是懦弱者的幻影，是膽怯者的隱身符。擁有權力者如果說這句話，即等於承認自己的無能。」

西班牙戰役時，拿破崙絕口不向部屬提起「不可能」這三個字的原因，便是想要使作戰順利展開，最後證明，拿破崙的心理戰術運用正確，士兵們對於勝利無不充滿信心。

西班牙的波爾科及馬德里之間，有東西走向的克阿達拉馬山脈，標高二千公尺，要突破這個山岳地帶，並不是件簡單的事。

一八〇八年十一月三十日，拿破崙領軍來到克阿達拉馬山脈，整個山麓正瀰漫著濃霧，接近中午時，終於霧氣全部散開。在拿破崙的眼前，是一座充滿原始荒涼景緻的山脈。

「派軍官偵察地形！」

受到拿破崙的命令，負責斥候的軍官開始行動，但不久即搖著頭報告說：

「要突破這樣的山道是不可能的……。」

在這句話未說完前，拿破崙立即厲聲道：

「什麽不可能!?我不懂這句話!?」

之後，因為已得悉敵軍的佈署，拿破崙向近衛騎兵中隊命令道：

「打開血路！」

於是，隱藏在山岩背後的西班牙兵被近衛騎兵中衛猛烈掃射，但不到十分鐘攻擊便停失了。中隊雖失去了半數的兵力，但終於在七分鐘強行突破山道，獲得成功的一次出擊。

「在我們的皇帝拿破崙面前，絕對沒有不可能這三個字！」

士兵們再度激起鬥志，勇氣百倍。

拿破崙擔任第一執政時，對福恩將軍發出命令，要他在五分鐘完成不穩份子的名單，福恩回答說：「這種事我辦不到。」拿破崙於是怒叱道：

「你說什麼，辦不到？路易十六世在斷頭台上從容赴死，而不斷受到凌辱的瑪麗亞皇后也是自己整理衣服及鞋子後，把長期苦悶的身軀交給劊子手。從這些事情來看，你就應該明白，天下沒有不可能的事。」

這是一段相當有名的軼事，也說明了拿破崙對於擔任皇帝的決心。

總之，對於全面禁止「不可能」、「辦不到」等字句的拿破崙來說，在他面前說這些懦弱的話是一大禁忌。

在不屈的信念之前，不可能會成為可能，人類的歷史正證明了此點，具有不屈不撓精神的人，使我們的生活有了進步的發展。

2 沒有比時間更珍貴的東西

時間迅速飛逝而去，像我這樣身份、立場的人，即使一分鐘也不能浪費，否則千辛萬苦得來的東西，都可能消失無蹤。

（一八一三年二月十三日，向國務院議員莫奈所說）

拿破崙向秘書麥斯威爾說：

「時間是一切最大的要素。」

正如他所說的，「時間就是金錢」這句話，想必也是拿破崙所服膺的吧！

傳說拿破崙一天只睡四小時，但據麥斯威爾的前任布里斯在其「回憶錄」中說：

「普通他一天二十四小時間約睡七小時，午後則利用零碎時間打盹。」

非常重視睡眠的拿破崙，曾向布里斯說：

「晚上儘量不要進我的房間，就算有好消息，也不要叫醒我，如果有壞消息，一定要立刻把我弄醒，因為壞消息一刻也不能拖延，要快快補救！」

我們可以說，拿破崙是一個懂得如何利用時間的高手。

3 經常決定事情的優先順位

一旦與敵人交戰，即使是自己非常喜愛的情婦突然逝世，我的心一點也不能被這個消息所動。雖然盡情悲嘆，我的痛苦也無法消除，但我先死了這條心，等到戰爭結束，如果有時間我才會去哀慟情婦的死。

（一八一三年二月十三日，向國務院議員莫奈所說）

用「情婦」這個字眼，確實是拿破崙可能會說出的字眼，但這是為了說明公、私的區別所必要的比喻。

拿破崙在說這段話之前，由一個世界的征服者，到俄國戰役一夜之間失去了一切，度過了非常充滿戲劇性的一個階段。但他永遠保持冷靜的性格，舉止神情仍一如往常非常愉悅，精神奕奕。

「儘管如此，認為我和別人一樣，感受性很遲鈍，那就大錯特錯了，我也是一個凡人，只是在青春年華的時代，我就儘量讓心的琴弦撥響，我克制自己的感情，不輕易捲入感情糾葛，並努力去做自己想做的事，把心思完全放在定好的目標上。」

拿破崙強調他自己如何努力不為情所動。

即使像拿破崙這樣偉大的人物，他也有平凡人的感情，聽到「情婦」死亡的消息，當然也會陷入悲慟的深淵，但他認為這是「私事」，而人應公私分明，身為公衆人物的拿破崙，在身負國家的義務時，即使遇到重大的私人事務，也要把心一橫，優先完成國家的任務。

當然，依照一般人的想法，「情婦」這字眼含是深長的意味。是否因為是情婦，所以不必付出太多的感情，如果是正式的妻子，拿破崙究竟又會做何反應呢？許多人或許會有如此的疑問吧！

「我愛權力更甚於情婦。」

正如這句話，拿破崙常使用「情婦」兩字，因此我們也不必過於去探究「情婦」的意義。

我們常聽到一些企業經營者為「工作及家庭，哪一個優先？」而煩惱。雖然有人為了工作而犧牲家庭，但另一方面，認為即使無法平步青雲，還是家庭比較重要的人也不少，要選擇哪一條路，是個人的觀點問題，並不能斷定哪一種選擇較好。

因此，是否要接受拿破崙這句話，是個人的自由。只是，在人的生活中，還是要定出優先順序，決定事情的緩急輕重，按步就班逐一完成。如果你定的順序有所偏差，很可能會帶來無可收拾的結局。

拿破崙以「情婦」及「戰爭」的比喻，告訴我們應瞭解自己應先做什麼事情，有了一個先後順序，才能不慌不忙、不憂不懼，完成人生中的責任。

4 二小時可完成的事情，不要花二小時去做

我對於二小時就能完成的事情，絕對不會花二天的小時去完成。

（向王黨派的伊特・德・史威爾所說）

為了加強執政政府與王黨派間的和平工作，拿破崙悄悄和伊特・德・史威爾會見。拿破崙時任第一執政，他逼迫史威爾立刻簽署了和平協定，並質問他：

「要你擔任交涉委員，到巴黎來會見，需要二天的猶豫嗎？」

拿破崙根據史威爾的表現，向露著食人族般眼光的盯住人的史爾威說了開頭的話。可以說是敵人的史威爾，認為這句話是拿破崙性急的表現，於是嚴厲批評他：

「拿破崙的目的是，對於自己所希望的事能迅速達成。……因為自己所做的事他都要急著完成，所以也常有欲速則不達的反效果，使事情半途而廢。」

總之，史威爾的想法認為，花費較長時間可以慎重地奠定基礎，像拿破崙這樣性急的人，如果去蓋房子，那麼所蓋出來的房子，必定是不穩固的建築物。

但這只是敵視拿破崙的人的看法而已，如果將觀點改變，開頭的話不正是表示拿破崙的

決斷力及實行力！誠然，一天能做好的事，雖然儘量拖延，想要力求盡善盡美，但最後並不一定保證能得到更好的結果。而同理可知，心想「還有時間」，在遲疑之中造成失去時效或無可收拾的結果，也是不乏其例。

拿破崙對塔拉伊誇耀說：

「我如果有什麼新點子閃現腦海時，即使是睡到半夜，也會在十五分鐘內發出命令，給我三十分鐘的話，我就能使前哨部隊執行命令。」

「想到就去做」，這就是拿破崙一生的行動方針，他只要一有任何構想浮現，縱然是半夜二點、三點，也會立刻寫下命令狀發送出去，否則絕無法安心。

因此，秘書福恩男爵必須經常在早上七點前在拿破崙的執勤室待命，拿破崙突然想到的口述命令，他必須立刻筆記下來。

這項要求，在作戰行動中也是一樣，拿破崙的軍隊一到野營地，在立即搭起的帳蓬中，必定有兩個房間，一間放著皇帝用的小床鋪的寢室，另一間則備有秘書用小桌子的桌子，位於入口處。

位於入口處的房間，地面放了張能讓秘書躺下的粗糙墊子，秘書幾乎沒有晝夜之分，隨時要待命，以便筆記皇帝的命令。

一八〇五年八月末，拿破崙放棄了侵略英國本土的作戰計劃，決定向俄國、奧地利聯合軍發動攻擊，這是一個典型速戰速決的例子。

八月初，英國、俄國、奧地利結成第三次對法同盟後，歐洲大陸內部的情勢日益緊迫，因此拿破崙的腦海中已計劃好要將法國大陸軍轉近德國。

就在此時，他得到一個十分意外的報告：

「威爾斯艦隊還是把錨抛在卡迪斯！」

本來，威爾斯艦隊是要援護法軍的英國本土登陸作業，應到布里斯特待命，但卻未見艦隊的蹤影。

拿破崙於是立刻叫來主計總監塔里尼，當時是凌晨四點。

「威爾斯艦隊還在西班牙的卡迪斯港，遲遲不啟航，威爾斯那傢伙，作麼能算是海軍軍人，實在是懦弱的膽小鬼，一切都完了！」

塔里尼聽著，感到皇帝的聲音已憤怒得顫抖了。

皇帝在房間內大步踱步後，突然停止腳步。指著文件堆積如山的桌子說：

「你在這那裡，替我寫下來！」

於是，塔里尼沒有喘息地記下，從拿破崙口中一口氣說出的從威瑪到華恩的作戰計劃。

從法國大陸軍進軍的行程到日數，以及各部隊的集合地到奇襲敵人的地點，拿破崙都一一做了詳細的指示。

塔里尼雖然已經習慣拿破崙想到就立刻實行絕不拖延的做事方式，但是，對他的態度卻不得不佩服。

法國大陸軍的先遣部隊離開波隆向東行進，便是當天就立刻展開行動的。

5 被人惡意中傷的傷痕一生都無法磨滅

中傷的傷害，像油汚一般，一定會留下痕跡。

（一八〇四年一月十五日，向作家魯美沙艾所說）

在拿破崙夫人約瑟芬所舉辦的舞會上，作家魯美沙艾向拿破崙說：

「陛下是否能尊重言論出版的自由！言論紛出本身是好事，即使有害，一定有辦法可以矯正，不是嗎？」

一聽到這句話，拿破崙立刻駁斥道：「那是大錯特錯的！」他特別強調，由於言論自由的呼聲，使許多人不惜中傷他，在人民心中留下深深的傷痕的事實，並指出反對言論自由的理由：

「在法國，高級官吏的地位並不堅固，這不能說是平等富裕的市民沒有能力，連政府也處於弱勢地位，這都是記者們對制度、個人及國家所造成的致命傷。」

接著，他又具體地指出過度承認記者的言論自由，所形成的弊害，因為記者們可能如此描寫他：

「如果大幅度提高言論出版的自由，我每天都會被人詆譭，而且，士兵們拒絕在波隆登艦，展開對英作戰，我好害怕被毒殺，好幾天都吃不下飯。」

拿破崙激動地說。

「你也許不相信，但許多人會以為這一定是有根據的報導。」

拿破崙在開頭的話也令人想到一些有關的聯想，那就是最近日本的週刊雜誌報導時旁若無人的態度。

誠然，言論出版的自由，是民主主義的鐵則，但近來一些低級週刊雜誌的泛濫，以卑劣的手法為趣味來滿足讀者的偸窺慾，這些自由作家以不實的言論譁衆取寵固然不足取，但喜好讀此類文章的讀者，本身也有問題，兩者都應好好反省拿破崙所說的話。

媒體記者將個人的隱實誇大報導出來，以為是娛樂讀者的好方法，卻不知當事人被惡意中傷所受的傷痕，已像油污一般，一輩子也無法消除。

在日本狹窄的國土上，住有十億以上的人口，而日本人特別喜歡打聽別人的風聲，且大多數的風聲都是子虛烏有的謠言及惡意中傷，或許，日本人認為如此才不致使緊張忙碌的生活過於乏味吧！

但是據筆者所知，徹底貫徹個人主義的法國人，對於有關別人的風聲幾乎不表示興趣。

「A先生近來好嗎？」

這就是法國人交談時互相詢問共同朋友的消息的情形，而通常回答也只限於這樣的程度：

「好像很健康的樣子。」

如果換成日本人，彼此交談時也許會說：

「他最近實在惡劣透了，令人不敢接近。」

於是，兩人開始以在背後說人壞話為樂趣，交談逐漸進入高潮，彷彿不以別人為話題，便失去談話的趣味。

惡意中傷或製造謠言，最後必定會傳入當事者的耳朵裡。筆者並非要假裝道學家，但是，在此還是要勸告大家，在說人壞話時，應先考慮被中傷的所受的心靈傷害，不要任意製造悲劇。

流亡到倫敦的戴高樂將軍後來徹底嫌惡英國人，一直反對英國加入歐洲共同體，那是因為他個人便深受流言之苦。

「什麽，戴高樂的法國?和拿破崙的霸氣態度一模一樣!」

據說，英國人批評戴高樂的流言傳到他耳中。

對以「光榮的法國」為一生職志的戴高樂將軍來說，英國人無心的批評，似乎成為他一生中油污般的污點，永遠都無法抹去。

6 超越困難才能發揮人真正的價值

約瑟夫想要獲得光榮，但是為了這點他必須冒著被砍斷一隻腳等生命危險，不畏死亡及疲勞，才能成為偉大的人物！

（向佛蘭恩・米奥・特・麥里德所說）

拿破崙的兄長約瑟夫拒絕擔任義大王後，接著被任命為拿波里王。

「你告訴約瑟夫，如果踩著兩隻腳卻埋怨東埋怨西的話，一定會帶來本身的毀滅！請告訴他，好好面對困難！」

拿破崙告訴內務部長兼陸軍總司令，將服侍新拿波里王的佛蘭恩・米奥・特・麥里德。對於約瑟夫，他一直懷有不滿，累積著憤怒。

由於是皇帝的胞兄，約瑟夫的態度愈來愈任性，隨心所欲。對拿破崙來說，這是難以饒恕的行為，他認約瑟夫只是一個不做事情，只靠弟弟的力量獲得地位及財富的人。

「不怕死亡及疲勞，靠自己的力量才能獲得光榮。」

拿破崙會如此批評約瑟夫，自有其一番苦心。

在這個時期，拿破崙更留下一句名言：

「現在是非常時代，不管什麼樣的愛情，國家的大義才是優先，我只承認對我有利的親戚。」

拿破崙告訴約瑟夫的話，以日本的話來說即是「艱難使你成為美玉」這句諺語。人遇到逆境才能獲得試煉，這便是拿破崙一生秉持的信念。

一八一二年十月，在俄國戰役中從莫斯科撤退後，拿破崙及法國大陸軍們，連續遭遇苦難。在痛苦的撤退途中，巴黎的佛蘭恩‧馬利將軍發動政變。消息一傳來，拿破崙迅速決定帶領克拉克將軍及少數的隨員回國。

從雪道趕回法國時，隨員們說：

「我們一定能克服重重危難，大家都安下心來吧！」

此時，拿破崙若無其事地回答：

「什麼危難！那點事情沒什麼大不了，我是在苦難中過來的人。愈是有痛苦，愈能發揮價值。在宮殿裡養尊處優，變得癡肥，只能說是怠惰的國王而已，我通常在騎著馬馳騁於戰場上時，才會感覺精神百倍，身體結實健壯，一下戰場反而無精打采，消瘦下來。」

拿破崙一點都沒有露出在撤退中被困境擊敗的樣子，反而更加鼓起鬥志。

彷彿專為證實拿破崙的話一般，一八一二年十月三日出版的「大陸軍公報」第二十九期中，記載了以下的情形：

「喪失騎兵、砲兵及輜重部隊的困難，加上突然來襲的嚴寒，法軍被逼入極度苦難的處境。……但是他們彷彿是為了克服一切困難而出生的人，一直保持著活潑及平常的態度，最後終於戰勝了種種困難，得到光榮！」

7 所謂朋友是鼎力相助的人

在友情的行為中，是以助力的形式表現出來。所謂朋友，應是能鼎力幫助我的人。

（一八〇九年三月六日，向萊特爾所說）

這是拿破崙讓萊特爾讀過約瑟夫的信後，衝口而出的一句話。

約瑟夫對於西班牙的統治不力，及非常不樂觀的戰況，以沮喪的心情寫信給拿破崙，奉承他：

「你是我一生中最好的朋友，也是獨一無二的朋友。」

這雖是一句無心之言，但拿破崙卻十分不悅，露出非常憤慨的表情說：

「不要這樣自鳴得意！什麼獨一無二的朋友！真是小看了人……。他這種渴求褓姆般的用詞，在報告書中絕對不適合，太輕率了！」

對拿破崙來說，「友情」、「朋友」這些有份量的話，不能輕易說出來，友情是神聖的，而約瑟夫的話，只是出自「需要一位撫慰的褓姆」的感傷之詞，一個有擔當的人，不能時時想要倚靠朋友。

的確，只是口頭上的「友情」，並不具備任何意義，真正的朋友，應是以行為來表示友情，適時給予實質的幫助，或是在心靈上相互扶持。

顯然地，注重現實的拿破崙對於朋友的看法十分與衆不同，拉・夫歐迪斯的話與拿破崙的看法頗能一脈相承：

「真正的朋友，會探索你心底深處的需求，而避免讓你感覺被探知你的需求是件可恥的事，真正的朋友是在你最需要時才出現的人。」

8 只憑理性或感情行事必定無法生存

我的內在存在著兩個人，也就是理性掛帥的人，及充滿熱情的人。

（一八〇九年二月，向雷特累所說）

拿破崙有次向奧地利的麥迪爾說：

「我在戰場中成長，像我這樣的人，即是百萬士兵的性命也看得很淡，不足掛齒。」聽到類似這樣的話，不少人因而認為拿破崙是個冷酷無情的人，當時他的政敵都稱他是個「食人鬼」。

一八〇七年二月，法國大陸軍與俄國、普魯士聯軍交手，在亞拉烏發生激烈的戰鬥，戰爭快結束時，曾留下一段感人的故事。

某連隊隊長壯烈犧牲，連隊的士兵們哀悼連隊長的殉職，以連隊隊旗做成喪章，圍在手臂上。湊巧走過的拿破崙看到這情景，他漲紅著臉向士兵們怒吼說：

「我軍的軍旗為何要用來做喪章！的確，我們喪失了許多勇敢的戰友，但是他們使戰場發光，他們的命運，寧可說是令人羨慕的，不是嗎？努力擊倒他們的敵人，留下光榮的記錄。不要再為他們的死悲傷，我們該為他們的記錄而喝采，不要像女人一樣，哭哭啼啼的！」

對拿破崙來說，與其說他不准哀悼戰死者，不如說是他害怕影響部隊的士氣。

後來在聖赫雷諾島，克拉克將軍向貝爾德萊坦述：

「皇帝的確是個偉大的將軍，但他是多麼刻薄的人！」

事實上，拿破崙並不是一個沒有血沒有淚的冷血動物，他這種無情，有他特殊的用意。

我們在此讓拿破崙本身來解釋自己吧！

「我被認為嚴格、無情，但這樣未嘗不好，因為我不必表現真正的無情，就能保有毅然果斷的態度。雖然被稱為冷血動物，但我對這一點也不以為忤。距離現在很久以前的革命時代，我在混亂中長大。在缺乏道義心及信仰心的時代，與許多人共同生存，被認為無情，反而能保持秩序，所以不必加以壓制。」

這是拿破崙在一八一二年十二月，由俄國回到巴黎時的途中，向隨員克拉克所說的話。

之後，拿破崙更進一步說：

「不管一部份的人怎麼說，我絕對是有情有心的人，不過那是君主的心，我對於公爵夫人的眼淚不會同情，但對於國民的不幸會痛心不已，我希望國民都是幸福的，因為我這樣期許自己，所以法國人才有幸福可言。」

正如拿破崙自己所說，拿破崙是「有情也有心」的人，誰也不能否定。

俄國戰役時，法軍與俄軍在莫斯科河發生激戰，俄軍敗走，回到司令部的拿破崙，用馬踏到一個負傷的俄國士兵，拿破崙發現負傷的士兵時，立刻命令：

「快治療這位士兵。」

部屬大感詫異，反問道：

「但是，那是俄國的士兵啊！」

對於部屬的質疑，拿破崙靜靜地說：

「戰爭獲勝之後就沒有敵人，所有的士兵都同樣是人，幫助俄國的士兵，能減少一個犧牲者！」

由這點看來，拿破崙確實有其仁慈的一面。

一八〇五年九月末，為了與俄國、奧地利聯軍作戰而出陣時，拿破崙想要與送行的約瑟夫及塔伊拉告別，但找出話來，不久，拿破崙的眼淚竟撲簌簌地流下，很多人看到這一幕，都很意外拿破崙竟是外表冷醒但內心洋溢感情。

「在這個世界上，沒有比與自己最愛的人分手更痛苦的事。」

拿破崙哽咽著，勉強說完這句話。

總之，拿破崙的內在裡，有「感性之人」與「理性之人」共存著，這在序章中敍述過，正表現了拿破崙的雙重性格。

拿破崙曾如此斷言：

「要做一個好的統治者，必須把感情藏在心中。」

對拿破崙來說，「情」與「理」應視時間及場所而適當表現。

9 以喜樂之心面對苦難

我深信，只有做這世界有益的事才是理性的作為，如果我清楚知道，我的目的適合本身及我所統治的國民，我會很樂觀地面對苦難，這是我和其他君主的不同之處。

（一八一二年十二月，向克拉克所說）

俄國的戰況不利，但拿破崙的心底對這件事絲毫不氣餒，仍保持衝勁，準備決戰到底。一八一二年春天，以英國為中心的第六次對法同盟成立，拿破崙因而對英國燃起敵愾之心。歐洲此時被東邊狡滑的俄國及西邊強有力的美國所夾擊，全歐統一起來成為一體正是首要之務，而阻撓拿破崙的統一計劃的，不是別人正是英國，英國憑藉強大的海軍力量，獨占了海上貿易，企圖分裂西歐。

拿破崙有次向克拉克談到：

「英國如果不放棄亞米亞恩和平條約，而在亞烏斯提爾及提爾茲特之後與法國締結和平條約，那麼，我和法國都能安下心吧……。我和德恩・基荷迪所追求的冒險不同。」

他如此坦述，認為一切的禍根，都是源自英國。

法國大陸軍不得不從俄國撤退之後，以俄國為主的聯軍進入法國國內。一八一五年，拿破崙最後被迫屈服於英國，或許，正因為看到形勢不利以致失去抵抗英國的鬥爭心，促使他更迅速沒落。

人的一生，經常有意料不到的障礙等待著我們，結果使我們失敗。但是，衝破障礙，保持克服困境的堅強意志，每次克服一些難題，更使我們的人生充滿深遠意義。

拿破崙的話，正是要告訴我們不要一味陷入失敗主義的陰影。

10 富責任感的人會貫徹初志

無論是熬夜工作，或是種種的勞苦、戰爭，都不是我這個年齡該有的，我比誰都想躺在床上休息。儘管如此，我所從事的事業還是會把它完成。

（一八一二年十二月，向克拉克所說）

離開莫斯科要回到巴黎的路途上，拿破崙完全敞開心胸，向克拉克說了上述的心裡話，此時他已精疲力盡，勞累不堪。

的確，到此段時間為止，拿破崙不但身體勞累，連精神也沒有一刻的休息。自從緊握權力後，他的生活，可以說是緊張的連續。正如他自己所說的：

「困難的並不是進入達伊爾里宮，而是留在達伊爾里宮。」

俄國戰役並不是拿破崙所發動的，因為俄國沙皇亞歷山大二世不僅公然與英國接近，兩者策畫離間法國與波蘭，窺伺著德國及華沙。拿破崙衡量全局，認為如果不先發制人，渡過尼美河的話，俄國必定會侵略波蘭及德國。

「如果有人能讓我迴避這次的戰爭，真是對我太有幫助了！」

拿破崙在一八一二年的春天，以坦然的態度向薩威里將軍留下這句話，然後赴俄國戰場，這只是一句故作輕鬆的話，並非埋怨之詞。

身心都達到疲勞極點的拿破崙，以戰敗之身，對克拉克說了開頭的一段話。如果站在拿破崙的立場，誰都會想要休息一下，拿破崙的心境自然是可以體會的。

但拿破崙終究不是個懦弱者，對於一時的倦怠，他總有辦法使自己很快恢復精神，以意氣風發的面貌示人。每當產生無力感時，他便以這樣的話來激勵自己，重新點燃堅強的意志力：

「自己所做的事一定要貫徹到底！」

11 介意別人的批評不能有所作為

謊言會自動消失，而真實永在。尤其後世懂得思考的人，會根據事實來判斷歷史的真相。

（在聖赫雷諾島向英國人所說）

自從拿破崙失勢之後，社會上充滿了對他的反彈聲浪，許多人趁此機會故意惡言批評他。拿破崙於是仍以一貫信心十足的態度，發表對此事的看法，留下上述的談話，後來成為他的名言。

一八一五年十二月二十九日，一位英國人鼓起勇氣向拿破崙告白，他說拿破崙戕害了國民，毫不在乎地進行虐殺，還有突然憤怒起來、粗暴的舉止等缺點，他甚至批評拿破崙是個性格異常的人，尤其相貌更是醜陋。英國人以嚴厲的語氣，將拿破崙批評得一無是處。

對於此點，拿破崙告訴這英國人，到處散發中傷他的傳單的英國大臣，才是真正的元凶，然後回答他：

「不管什麼時候，甚至我掌權的時候，他們都不斷在暗中打擊我，他們惡毒的做法，以採取對抗手段為目標，但是我不會上他們的當，即使有人為我辯護，那又有什麼用呢？民衆一定會認為我買收了這些人，這樣反而會降低我的信用，我不斷告訴自己，在為戰勝而建立的紀念碑上，自然會有我最真實的回答，讓時間來證明一切吧！」

拿破崙被放逐之後，也絕不會讓自己萎頓下來，對別人唯唯是諾。人在落魄的時候，通常表現出沮喪、小心翼翼的模樣，如此一來，使自己更加介意別人對於自己的批評，以及無情的奚落，從此落入萬劫不復的境地。但是，拿破崙不會表露出這樣氣餒的心情，採取坦然的態度，他說道：

「有才氣及判斷的人會回到我這裡來，我的敵人不是性格扭曲的人便是愚昧的傻瓜，我一點也不在乎他們，讓他們愛說什麼就說什麼吧！……即使反拿破崙的中傷傳單花了龐大的費用印製，結果又怎樣呢？那些捏造的東西不久就會失去蹤影。但是我所設的紀念碑及制度，保證了後世對我的評價。」

受到毀譽褒貶是每個人不可避免的事，但是，在人生短暫的旅途中，我們如果愈介意別人的批評，愈會束敷自己，使我們無法以有限的生命，創造永恆。所以，做人不妨海闊天空，保持「沒有根據的風聲，終有一天會消失」的信念。

12 野心使人前進、成長

野心正是人的主要原動力。

（向內務部長西布達爾所說）

拿破崙曾向雷特累說：

「如果說我有野心，那是自然天生的，它緊密地與我的存在本身相連，像我血管中所流的血，像我呼吸的空氣一般。野心會促使我內在的原動力快快前進，我不會為了野心而戰鬥，也不必為反抗野心而戰鬥。因為野心領先一切的事，絕不會發生在我身上，在重要關頭，野心會視狀況，考慮我的想法，並配合我的步調。」

也就是說，對拿破崙而言。「野心」是生存的糧食，因此，他不會為了野心去做違背心意的事。然而，「野心」這兩字，總是給人陰沈、邪惡的印象，拿破崙有時也感覺到此點。

擔任第一執政時的拿破崙，曾有一次在晚上八點與副官塔洛庫喬裝成一般平民，溜出達伊爾里宮。除了試探民心的名義，享樂也是另一半的目的。兩人被引誘到到處有妓女露著胸脯的花街，拿破崙對這些娼妓非常敏感，對味道異常敏感的他，只要一聞到妓女身上廉價香水的氣味就會想吐，這對他來說反而是一種幸運，使他不致於流連花街，沈溺於女色，也使他更有精力在政治上求發展。

拿破崙特別進入咖啡館，打聽民衆的談話，這雖然使他很快樂，但微服出巡的主要目的，是要蒐集情報。他們加入衆人的談話，來瞭解各種輿論，有時甚至被誤會是警察的線民。

某天晚上，拿破崙被一位客人警告，於是他故意對著咖啡館的主人說自己的壞話，想看看他的反應：

「你認為那野心家的第一執政如何？不過是個矮子卻自鳴得意的傢伙，今後不知道又要因為他的野心做出什麼荒唐的事。」

由於拿破崙對於「野心」、「野心家」等名詞十分排斥，所以才想藉此瞭解民衆對他的評語。

此時，咖啡館的老闆突然以破鐘般的聲音大叫：

「我不管你是什麼地方來的傢伙，現在就給我滾出去！說拿破崙壞話的人，不是我店裡的客人，就是因為雄心萬丈的拿破崙以過人的氣魄守著歐洲，我們才能平安無事的生活，說什麼拿破崙是野心家！有野心有什麼不好呢？」

咖啡館的主人說著，立刻抓住拿破崙和塔洛庫的領子，把他們推出街上。被重重踢了一腳的拿破崙，摸摸屁股走回宮裡。

有一次，他因事和卡夫艾發生爭執，兩人惡言相向：

「你們這些蠢蛋，到英國加入亡命貴族的行列最好，喬治三世的長靴最適合你們！」

在寫給萊美沙夫人的信中，他進一步表示自己對野心的看法：

「野心是以反抗自己為對象，考驗自己的力量，我就是以歐洲為對象，在考驗自己的能力。」

顯然，拿破崙的野心，是一個不凡的氣宇，而不是只為個人利益的私心。在聖赫雷諾島他也為自己辯解：

大概歷史學學家會認為我有許多野心，但那是前所未有偉大、高貴的野心，想要建立重視理性的世界，想要讓人充份發揮所有的能力，我的野心不外就是這些。但今日我落到這樣的境地，後世的歷史學家恐怕會對我這樣的野心無法滿足、實現，而感到遺憾萬分吧！」

這番話毫無顧忌，正表現了拿破崙的自負。

對拿破崙來說，人必須燃燒野心的火焰，在開頭的話之後，他又慨嘆地說：

「人只要希望出人頭地，投注他所有的能力就是成功的保證。但達到最初的階段後，人往往就想休息，不再繼續前進。」

拿破崙是要說明人經常保持下一個目標的必要，野心使我們前進、成長。「野心」的另一個意義是「胸懷大志」，人不能安於小小的成就，必須追求更高的理想，實現自己的抱負。

13 培養捲土重來的志氣

人在各種不幸中好不容易生存下來，唯有懦弱的人，才無法忍受許多不幸。

（一八一四年十一月十九日，向兩位英國議員所說）

俄國戰役之後，法國軍隊繼續西進。俄國、普魯士聯軍於一八一四年一月衝破法國的國境。同年的二月四日到三月十七日，在巴黎東南方的塞迪約，法國代表克拉克與俄國、普魯士、奧地利及英國的代表舉行了會議。

在此次會議中，聯合國承諾要保證法國自然的國境，但卻立刻撤回恢復王政時代國境的要求。對法國來說，這實在是無法容忍的事，結果，塞迪約的和平條約並沒有達成。

英國代表溫諾恩一問到這個問題，拿破崙便立刻說：

「我無法答應法國接受這樣有失面子的和平，布爾波家族的人是熱愛王位的，他們對宮殿、邸宅、凡爾賽宮全都愛不釋手，但我是天生的軍人，我也統治了法國十五年，才從帝位上退下來。」

拿破崙這樣說著，再直截了當說了開頭的話。

從這句話可以看出，他期望捲土重來、東山再起的堅強意志，他告訴自己：

「怎能如此埋沒下去？」

果然，拿破崙在三個月後從艾爾巴島逃出，樹立了百日天下的功績。

人在生存的過程中，並非經常一帆風順，必定是橫生著許多阻礙，將這些阻礙一一加以克服，才是有意義的人生。如果像拿破崙這樣，被迫退位又被放逐，遭遇到決定性的失敗，此時完全挫折下來的人，未免過於懦弱，如此一來，以往所排除的阻礙，豈非都徒勞無功。

拿破崙在艾爾巴島也從未氣餒過，從地理上的條件來說，他仍有逃脫該島重返帝位的可能性。因此，繼續保持這希望的結果，才有百日天下的產生。

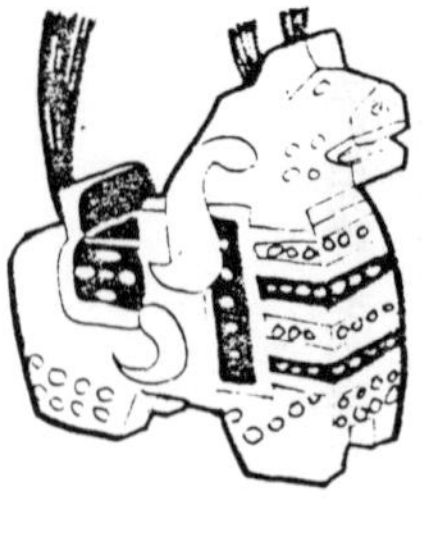

14 人的價值不決定於頭銜及資格

隨便你要稱呼我什麼都可以，任何稱呼都減損不了我的價值。

（一八一五年八月七日，在英艦「諾沙貝拉號」艦上所說）

一八一五年八月七日，拿破崙和隨員登上英艦「諾沙貝拉號」，被放逐到聖赫雷諾島，在艦上說了上述的話。

一八一五年六月在滑鐵盧之役戰敗後，拿破崙被迫做第二次的退位，充當英國的人質，然後從法國大西洋岸的羅西夫爾港登上英艦「貝萊洛夫號」，被送到英國的普里茅斯港，再從這港口轉乘「諾沙貝拉號」，成為此艦上成員的數日後，船員及英國方面的官吏，下了一道嚴格的命令：

「拿破崙將軍是我們英國的俘虜，今後，不能再稱呼他皇帝，只要叫他將軍就夠了。」

拿破崙在「貝萊洛夫號」航行途中，與船員們親密地交談，獲得他們的敬愛。在「諾沙貝拉號」上，也很積極和走出甲板上的英國人談話。以英國當局者來看，做為「俘虜」的身份，拿破崙是令人憎惡的，於是，為了故意向他找碴，命令船員們不能稱他為皇帝，叫將軍才行。

拿破崙方面，對於被稱呼「拿破崙將軍」當然怏怏不樂，據萊斯‧卡茲說：「當英國人刻意羞辱他的時候，他常有激烈的表現。」開頭的話就是在這些時候說出的。

約九個月後的一八一六年五月，聖赫雷諾島的新任總督巴特索‧羅便稱呼拿破崙「拿破崙將軍」，拿破崙因此勃然大怒，暴跳如雷地說：

「數日前你以拿破崙將軍的身份招待我吃飯，你故意擺出的粗魯態度，實在前所未聞，你是想要把我當做笑柄，還是讓你的客人享樂一番呢，故意給我這樣的身份，但是你沒有仔細考慮我該受到的待遇，我對你來說，並不是拿破崙這個稱呼就可打發的，撇開你不談，這世界上沒有一個人能剝奪我本有的稱呼！」

拿破崙對於故意不稱「皇帝」而稱「將軍」的不悅，完全表露在這句話中。他自負地說：

「我徹底認為自己是皇帝拿破崙，不管別人如何稱呼我，皇帝拿破崙永遠不變。」

這無疑是一種過人的自信，我們每個人雖然不必拘泥於頭銜，但至少需有肯定自己的自負，提起自己的名字時，可以大言不慚地說：「我是○○○，○○○就是我！」

法國人有時因時間及場合而拘泥於頭銜。在公開場合稱呼首相時，需稱呼「首相閣下」，只說「首相先生」便可能令人有不敬的感覺，因而貽笑大方。這點還可被人接受，但是，被人稱呼「先生」而得意忘形的日本政治家們，我實在無法理解他們的心理，他們似乎沒有被冠上「先生」的稱呼便會感到有損身價。

我曾經聽說，到了退休年齡自願留任服務的某位經理，只要一聽到部屬不稱呼他「經理」而稱呼「先生」時，必定會非常生氣，把部屬痛罵一頓。

但是，人的價值，難道決定於頭銜及資格嗎？這兩項只是人借來的衣服罷了，因為有能力才得到該有的頭銜，而是以頭銜來判定一個人的能力。像拿破崙這樣具有「沒有人能妨礙我的頭銜」的自信，才是最可貴的。

15 經常摸索新的事物

現在的辦法不要以為完美無缺了，經常以以往的例子為參考，才能鑑往知來。

（一八〇六年四月，在國務院的發言）

拿破崙本人非常尊重任何新的想法，認為大衆不應受舊制度時代貴族們喜好講道理的影響。

對確立帝政的拿破崙來說，能帶來社會大變革的是適合新時代的觀點，這些觀點可能和現在一般人的觀點不同，但是，如果社會不擺脫以往的因習，就無法產生嶄新的氣象，這便是拿破崙一直堅持的信念。

的確，不被習慣及前例所束縛，經常摸索新的事物，反而能意外地打開新的道理，當陷入窘境時，反而絕處逢生，柳暗花明又一村。

太平洋戰爭中曾發生過這麼一段小故事，日本海軍的K上尉不拘泥於以往老套的空戰法，編出新的戰法，因此擊墜了七十多架的美國戰鬥機。

在空中戰鬥的場合中，如果被敵方戰鬥機追擊，普通採取的戰鬥法，是在空中盤旋採迂迴作戰的策略，再把飛機橫過敵機迴避攻擊。但K上尉被敵機由後方追逐時，突然繞道向敵機飛行。此時，他突然降低速度，為了避免與敵機衝突，為了避開敵機，他勉強向上飛。K上尉就掌握這機會，在背面飛行中由下面向敵機發射機關槍，擊墜敵機。

這需要非常的勇氣及高度的技術，K上尉因為想出新的戰鬥法，才能建立輝煌的戰功。

人如果一味執著於過去，絕對無法前進。正如拿破崙所強調的，我們不應輕易接受既有的形態或價值，而是先否定它發現新的世界，才能有所進步。

16 不要草率實行計劃

一件事從仔細考慮到決定付諸實行，需有三年的時間，三小時是不夠的。

（一八〇六年九月十八日寫給約瑟夫的信）

這句話是拿破崙用來警告拘泥於現狀沒有想到未來的約瑟夫。

歐洲自從一八〇六年夏天便瀰漫著令人不安的陰影，而這股不安的來源正是普魯士。由於害怕英法的和平交涉中，漢諾瓦可能面臨歸返英國的命運，普魯士全國因此激起了對法戰爭的熱潮。

另一方面，三月三十日正式被任命為拿波里王的約瑟夫，對於以卡拉波里地方為主的南義大利叛亂感到十分棘手，無法面對歐洲北邊的緊張情勢。但是，義大利受到俄國及英國威脅的話，會對拿破崙的普魯士作戰造成重大的阻礙。

天生是個好好先生又懦弱的約瑟夫，畏於拿波里的民心，不敢貿然採取斷然的措施，因此，各地的暴動愈來愈擴大。

「過於奉承國民也完全無濟於事。」

拿破崙無論如何提醒約瑟夫注意，也沒有一點效果。

感到不耐煩的拿破崙，寫給約瑟夫這樣一句話，告誡他，優柔寡斷將會帶來嚴重的後果，希望他考慮到，目前最重要的工作是謀求拿波里王國的安定，進而解決歐洲的未來。他進一步補充道：

「我平常對於自己該做的事，在三、四個月前就先做評估，把最壞的狀況也考慮進去。」

對於任何事都要臨時抱佛腳的約瑟夫來說，這無疑是一句不中聽的話。

正如前面所說，拿破崙在此之前曾在瞬間下定決心，把英國本土登陸作戰轉為對俄國、奧地利聯軍的作戰，表面上看來，這是非常草率的決定，但事實上，拿破崙確實「把最壞的狀況考慮進去」，早在數個月前，他就嚴密演練對聯軍作戰的構想，因此才能如此下決斷。

被弟弟這樣嚴厲告誡，約瑟夫似乎有清醒過來的樣子，開始遵照拿破崙詳細的指示，忠實地實行。根據約瑟夫『回憶錄』的編著者A・塔紐・卡斯說：「到一八〇六年末，約瑟夫已能從各種角度考慮事情，對於拿波里的統治，也不再有像以前的動盪不安狀況。」

一八〇六年十月，英國、俄國、普魯士結成第四次對法同盟，拿破崙於十月中旬的伊哀那戰役中擊敗了普魯士軍而在這二日前拿破崙寫給塔拉伊的信中，曾如此記載：

「無論是進軍狀況或是每日的局勢，當地的情況都依照我二個月前所預測的發展，我沒有發生任何一項錯誤。」

因為有周到的考量，使拿破崙掌握一切的狀況，在各種戰役中獲勝，人生無論如何也需要這樣的考量，才能使我們的每一步走得更為平穩。

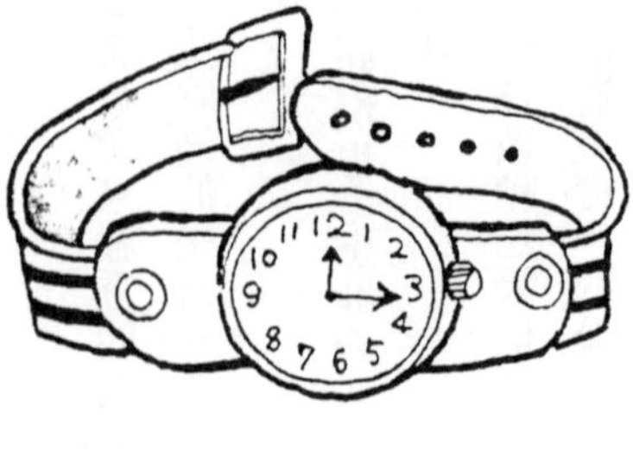

第四章　有關運用組織箴言

我想，沒有比日本的政治家更熱衷在酒館闢密室談政治的人吧！

我們不知道政治家們在酒館吃吃喝喝所花的錢從何而來，但是他們公然說：「政治需要花錢」時卻大言不慚，一點也不會不好意思。

那麼，既然政治需要花錢去交際應酬，利用「酒館政治」的政黨，是否真的就能使組織順利營運呢？其實不然。由於派閥的產生，原本是親密的同志，彼此反目成仇，這樣的組織本身，就不夠健全鞏固，這並不誇張。如果同志們有緊緊抓住權力的共同目的，則因為有同一個目標，所以能勉強維持組織的體制。現在的政黨，如果不浪費金錢，似乎就被認為完全無法進行組織的營運。

政治家們不妨仔細體會一下拿破崙下面這段話：

「我反對巴黎市為我舉行的慶賀儀式，這已不是一次、兩次而已，花四十萬到八十萬法郎舉辦晚會、舞會、營火會，要擔誤好幾天的公務去作準備，之後的收拾工作，及準備時所花的人力及時間，都是相當可觀的數字，與其浪費這些金錢，不如建造可以持久的紀念建築物。」

當然，這不僅限於政治家，也是從事某種組織營運的人應深記的一句話。

此外，在「會議」的名義下，多少金錢被我們無謂地浪費了，在此引用拿破崙的忠告：

「不必開作戰會議，詢問各人的意見即可。」

的確，我們一旦打出「會議所決定」的招牌，似乎就覺得所有的決定都名正言順多了，如此一來，發生問題時，也容易推卸責任。

現在的社會，「會議」幾乎已成了民主主義的代名詞，但有時難免出現人多口雜意見分歧的情形，拿破崙的話告訴我們有關組織營運的重要要領。

1 尊重部屬自我思考的自由

人在適合他素質的生活，才能品嚐幸福。從知識的構造來說，理性才是人行為的軌範，強制只會損害一個人的本質，使他變得無能。其於以上的理由，無論對任何人，我們都不能強制一個人接受他本人無法體會的想法，要他採納。

（參加里昂學院有獎徵文的論文中的一節，一七九一年）

一七九一年，拿破崙寫了以「想讓人品嚐幸福應如何教導其認識真理及感情最重要！」，參加里昂學院的有獎徵文競賽。在論文中，拿破崙條理井然地說明人的思考自由應受到尊重。

寫這篇論文時，拿破崙才是一位二十二歲的青年，他的頭腦清晰令人十分佩服。他並強調思考自由的必要性：

「被某項事物束敷的人，只不過是毫無煩惱之人的影子罷了。」

「全面性而絕對的思考自由，進一步能不妨害社會秩序程度的討論，以及文字的自由，才是道德、完全自由及個人幸福的基礎。因此，自然法除了根據某項確實的法律之外，不能加以限制，這法律也只能禁止反社會行為而已。否則，在社會秩序的名義之下，反而會變得更嚴重，產生令人難以忍受的束縛。」

無論如何，由於拿破崙這番話，我們可以瞭解「思想的自由」對人類生活是何等重要。「強制」及「束縛」，對於渴望自由的人來說，是多麼嚴重的慘禍。

由拿破崙這句話，筆者突然聯想到，今日資訊社會中人們所保有的思考自由，由於言論自由已獲得保證，當然不會因外在的壓力使自由的思考受到阻礙。

今日的社會，可說是處於資訊氾濫的狀態，這樣說一點也不為過。這些資訊間接地強制了人的某種想法，對資訊感到迷惑的結果，不是依照自己的判斷來選擇，而是輕易地相信某些特定的資訊。

在如洪水般的資訊中，人是不是因此喪失思考的自由，這是非常令人擔心的事。因此，在現代社會中，我們有必要瞭解自己的想法，並且自由地思考，不要被氾濫的洪水沖走。而瞭解形成組織的人具有什麼樣的想法，更是組織運用上非常重要的事。

2 達成目的的要領

舉止慎重，經過思考辨別的能力完成事情，才能達成崇高的目的，且才能克服任何困難，無論什麼事都能成功。

（給塔拉伊的信，一七九七年十月七日）

義大利派遣運最高司令官拿破崙，一七九七年七月在北義大利建立了基薩比諾共和國。當時正是與奧地利締結和平條約的十天之後，為了向奧地利誇示，今後有提供相當於義大利派遣軍的兵力給基薩比諾共和國的必要。拿破崙委託外交部長塔拉伊，與前來巴黎的基薩比諾共和國大臣交涉。

但是，基薩比諾共和國的義大利卻向拿破崙說：「實在無氣力，非常懦弱。」畢竟，要鼓起共和國國民的愛國心及追求自由的願望，並不是那麼容易的事。

於是，拿破崙寫信給塔拉伊，告訴他交涉應有的心態，如果不夠慎重的話，交涉的結果可能流於空頭承諾的當場撒謊。因為熟知義大利人的性格，拿破崙自然會考慮到這點。

人們在追求某項目標時，應慎重其事，不要失去思考辨別的工夫，這是最基本的要求。

然而到了最後的階段，由於事情做得不順利而功虧一簣的例子也不在少數。

拿破崙在信中曾說過一句名言：「成功與失敗是緊鄰。」無論在任何事情在重要關頭若不想失敗，巧妙的處理手法最重要。

3　一黨支配會使國家滅亡

依靠某一個黨派統治國家，這個國家遲早會被搞垮。

（一七九九年，擔任第一執政不久後向卡巴塞斯所說）

拿破崙這種政治信念，不僅在當時，即使在現代也是一種獨創性的見解。拿破崙斷然否定一黨支配的政治型態，可以在現代獲得印證，一九八〇年代末期東歐的權力者相繼下台，被處刑，即是最佳的例子。為了維持權力，共產黨實行一黨獨派所產生的悲劇，在二十世紀又再度出現。

拿破崙絕不會標榜偏狹教條式的一黨專政，這樣的為政者，在當時的歐洲來說，也只有拿破崙一人而已，這樣說一點也不為過。其他的政治權力者都依靠某一黨派，讓其他的黨派保持沈默，甚至出現像史達林那樣，把反對黨處以集體流放的例子。

拿破崙接著說了下面這句話：

「我絕不會做某個黨派的俘虜，我的立場可說是國民派。」

這正是拿破崙的統治的基本原則，後來他向克拉克訴說了自己的信念：

「我是為了國民而統治，為了對國民有所交待而考慮一切，我絕不會被各黨派的聲音或利害所迷惑。」

拿破崙顯然值得稱為「國民黨」，但要徹底貫徹這樣的統治方針，並不是那麼簡單的事。拿破崙親自對萊密莎夫人說：

「我進入執政政府的當初，各黨派無不使盡渾身解數較量，我努力想使各黨派和解，但是，他們只要一察覺自己這一派受到畏懼的話，態度就變得高傲起來。」

擔任執政而進政壇的拿破崙，就任後一直傾全力在化解派系的傾軋上，西可巴派、王黨派及沙洛特，或是革合的產物聖職民事基本法，宣誓的僧侶及拒絕宣誓的僧侶，各種黨派都集合在一起，使這些黨派的對立儘量減至最低程度，緩和黨派的衝突，便成了政治安定的先決條件。

對立或黨派的派閥，無非是因根深蒂固的憎惡，如果執政者偏袒任一個黨派，會增加另一個黨派的憎恨，拿破崙便致力於兩者的和平，使他們保持平衡。

因此，拿破崙仔細聆聽各黨派的意見，最佳的例子，便是有關猶太人政策的問題。

「不要客氣，把你們的希望全部說出來，你們的問題，我們可以大家一起來研究解決方法。」

由於拿破崙如此尊重猶太人，使他們在歐洲史上初次獲得完全平等的權利。

常有人以拿破崙與希特勒做比較，但是如果考慮到這方法，則拿破崙和企圖消滅猶太人的希特勒比起來，可說是截然不同的政治人物。

或許有人對拿破崙這種「寬容的政策」多少會感到意外。因為，在歷史上拿破崙被認為具有強烈的「獨裁者」成份，史塔爾夫人及西特布里恩便經常以「獨裁者」來譴責攻擊他。

但是，拿破崙對史塔爾夫人及西特布里恩不會訴諸處刑及暴行的方式，只是判以逐出巴黎終身不得再踏上法國國土的處分，這已是相當寬容的態度，從某種意義來說，甚至過於仁慈了。

當然，寬容是有限度的，拿破崙因為太高估塔拉伊的才能，明知他的背叛行為，仍以寬容的精神對待他，長久期間凡事都要徵求他的意見。這種寬容最後使拿破崙走上敗滅之路，使他徹底醒悟到：對背叛者寬容是行不通的，只是加速自己的滅亡而已。

與寬容並列為統治所必備的條件，還有融和一項。

拿破崙建立共和國之後，讓將軍的兒子與舊制度時代貴族的女兒結識，是謀求新舊交融的高等政策之一，另一個目的則是讓革命譜下休止符。流亡貴族答應回國時，拿破崙對平民們保證「不讓得到貴族土地的人歸還」，使平民安心繼續留在自己的土地上。

拿破崙身為「國民派」，但從未放棄使對立的人同化的考慮，這點大大值得人們學習。

4 唯命是從的人無法成為領導者

要瞭解指揮的要領，應先瞭解服從的意義，但是，對我的想法四十年來一向只知服從的人，已經不具備指揮能力。

（一八〇〇年八月十二日，在國務院的發言）

在一項海軍部隊的編整會議上，拿破崙第一執政發表上述的見解，並斷言。

「四十年間只擔任領航員的人，不適合指揮軍艦。」

拿破崙認為，僅是服從，便不需創意研究，也不需斷然的決斷，因此，習慣於服從的人，缺少指揮能力是很容易想像的。拿破崙這句話是表示唯命是從的人無法出人頭地的原因。

在一八〇六年四月二十六日寫給內政部長沙班尼的信中，拿破崙進而說明：

「民間的服從，不必盲目或絕對，無論職權的大小如何，爭辯或批判一點作用也沒有。」

但是，根據拿破崙所說，服從在軍隊不用說是不容懷疑的問題。拿破崙寫給沙班尼的信中，會這樣說是當然的：

「我要求的盲目服從，只在軍人身上適用。」

而一八一二年俄國戰役戰敗後不久，拿破崙向法務部長莫奈說：

「我培養將軍們只知服從的習慣，沒有一個將軍能向別的將軍下命令，而且每一個將軍都能服從我。」

這番話不免含有反省之意。

俄國戰役時，無論那一個將軍，如果沒有拿破崙的命令，便沒有獨斷專行實施作戰行動的勇氣，完全由拿破崙自己一人判斷一切戰況，擔任作戰總指揮，深信「軍人需絕對服從」信條的拿破崙，沒想到在這方面失算，終至遭到戰敗的厄運。

由此可見，擔任上司的人，培養部屬的指揮能力不僅是責任也是義務。如果只要求部屬完全服從，則遇到重大緊急狀況時，部屬便無法發揮隨機應變的能力，導致群龍無首的局面，最後自然要走上失敗一途。

5 不能封殺部屬的意見

軍人的特性，即是無論如何都要完成任務。另一方面，一般人的特性，則是不管什麼事情都要開會討論，講求真理及理性，不像軍人以服從為優先。無論是討論、真理或理性，都各有其種種層面，有如三稜鏡一般，容易蠱惑人。不過，經過討論能使鏡子發光卻是不容置疑的。

（一八〇二年五月，在國務院發言）

拿破崙曾向卡班塞斯說：

「我不覺得自己把戰爭做為職業，沒有一個人像我這樣愛好和平了。」

誠如拿破崙所言，他絕不是個好戰的人。

但是另一方面，從某種意義來說，拿破崙也有軍國主義的傾向。

擔任義大利派遣軍最高司令官，在洛達、安爾柯拉等戰役獲得輝煌的戰果，凱旋回國之後，拿破崙開始儘量避免穿軍服，而以穿便服的時候居多。因為他深深為軍人毫無發言餘地而感到反感，拒穿軍服以示抗議。

本質上很好發議論的拿破崙，儘可能出席國務院會議，積極加入討論。但他絕不以第一執政或皇帝的權威來封殺、鉗制議員們的言論。對拿破崙來說，在會議中保持沈默的人是一種怠慢的行為，也是放棄本身義務的不負責作法，他希望每位國務院的議員都能有發言的機會，有時則翻閱會議的議事錄，藉以瞭解每位議員的意見，做為參考。

一八〇二年五月，即和英國締結亞米亞爾和平條約不久，兩國好不容易露出和平的曙光時，拿破崙更深切地感覺到，人們彼此及國家間有「對話」的必要，藉著對話，才能溝通彼此的意見，產生和諧的局面。

像拿破崙這樣，讓部屬充份發表議論，正是領導者的器量之一。

在國務院中，議員對拿破崙的言論持反對意見的例子可說不計其數，但拿破崙並不會因此大發雷霆，反而督促他們徹底把自己的議論表達出來。無論對待國務員的議員或大臣們，他絕不會以自己的權威壓制他們，他最常在會議上以這句話做結束：「各位跟我的意見不同，但我會服從多數意見。」的確，拿破崙具有十足的威嚴，受到將軍們及周圍的人所敬畏，因此，很容易被誤以為他以權力壓制部屬，使他們無法自由發言。

但是，拿破崙不是這樣的人，他絕不會封殺別人的發言，他對待部屬一視同仁，以平等之心聽取他們的意見。在拿破崙的體制下，正如他所說的：「活潑的議論能使組織發光，充滿光明。」如此一來，任何一個組織都能有效地發揮機能。

6　培養人才比選擇人才困難

最困難的不是選擇人才，而是選擇人才之後，如何讓他發揮最大極限的能力。

（給財政部長莫利亞的信，一八〇二年）

「最要不得的是從事自己不熟悉的事業。」

拿破崙曾有過這樣一句名言。他於公於私都要求部屬及自己盡最大的責任來完成責任。

一八〇四年初，王黨派的畢修克利及卡特溫塔想要取下第一執政拿破崙的性命，他們暗中計劃著謀殺細節，警察提高了警戒，對於這個暗殺計劃，拿破崙的神經一直繃緊著，不敢稍有懈怠。

某日，拿破崙決定在卡爾薩廣場閱兵，警察當局聞訊極力制止他：

「也許有暗殺計劃，請不要這樣冒險！」

但是，拿破崙沒有聽從。

「不可中止閱兵，各人有各人的本份，警察的工作是保護我的安全，你們冒了極大的危險來保護我，而我的工作，則是明天的閱兵！」

對於第一執政的回答，警察們無話可說。

於是，警察們只全心全力在保護第一執政的安全，期望不要有任何差錯。

拿破崙察覺到暗殺計劃是自己的職務所伴隨的危險，而他自己只能儘量避免，但不可逃避。

「要奪去我的性命可沒那麼簡單，我沒有固定的習慣，作息時間也不規則，有時候也會突然放下任務，心血來潮時也可能外出，吃飯也不偏食，什麼都吃，這樣的生活，還真抓不到機會暗殺我。」

他這樣對達烏元師說，命令他儘量想辦法使暗殺計劃失敗。

拿破崙向警察所說的話中，便含有既不輕忽自己生命的安全也不荒廢職務的履行的意味，另一方面，警察們也可以盡全力完成自己本份的任務。

「政府想要統治一切，政府也想要掌握一切的行政，因此民衆才會攻擊政府，在政府部門工作的人應深自檢討，不要只是一味憤怒。」

拿破崙向諷刺作家福艾伍這樣說。對拿破崙來說，政治家及政府官員尤其應努力貫徹「公僕精神」，堅守自己的崗位。

拿破崙自己也不忘這項原則，後來他在聖赫雷諾島回憶到：

「我使各部門的人能充份發揮機能，另一方面，只要具有滅私奉公的精神，以及有熱忱、活動力、勤勞意願的人，都可以在其部門永久工作。」

政府部門如果能排除容易陷入「動脈硬化」的官僚型支配，就能發掘出每個人的能力，從以上的話可以看出拿破崙的意圖，正是要消除官僚主義，培養為民服務的公僕，而人才的培育，又是多麼不容易的事。

7 明確的政策可使明瞭心胸

統治並非用抽象的思考即可，而應善於利用數世紀以來的經驗，政府的原動力只有一個，它不外就是政策。

（一八〇四年一月十五日，第三執政魯波拉所說）

某日，拿破崙的夫人約瑟芬在達伊爾里宮舉行舞會，拿破崙第一執政利用這個機會，與魯麥爾西、鮑爾達利及茲萊爾他等人暢談。

提到一七八九年的立憲會議時，拿破崙斷言說：

「立憲會議有許多理論家，但沒有政策。」

接著，他對西艾斯的想法斥之為荒唐，一笑置之，並對魯波拉說：

「西艾斯具有完整無缺的體系，但既未發展到好的地步，也從沒有全面實行過。」

拿破崙此時極力辯解道：

「西艾斯只是個形式上學者而已。」

他認為政治不是講道理，而是要依照各階段的需求有所因應，需要具體的政策。

拿破崙常在議論事情時，把毫無政策的總裁政府的官員們稱為「律師」，含有輕蔑之意。對他來說，最重要的是「少說多做」，對於說過的話，要確實實行，也就是確立政策。

拿破崙領導部屬的要領，從這句話可以清楚地瞭解。在選舉時，我們常可聽見候選人說：「拜託各位，讓我有為大家服務的機會！」，「我們盡力達成各位的要求！」這些沒有內容的陳腔濫調重複著，最重要的政策卻被候選人擱置一旁，即使是在野黨人士或政黨的黨魁，也都是以抽象的言論來吸引選民，甚至任意開出空頭支票，無法以明確的政見來突顯自己，進而爭取選票。

在現代的選舉中，似乎已不時興標榜堂堂正正的政見，可說是一種候選人受歡迎程度的試驗而已，譁衆取寵的候選人，藉著群衆魅力，進入議會的殿堂。如此一來，便不可能因應加速度前進的世界情勢，在無法改革現狀的情形下，最後被國際情勢的激流所影響，使國家停滯不前。

姑且不論政治家應有政治理念，其實，只要擁有確定的政策，自然就能產生不可動搖的信念，其他的人只能跟著「有信念的人」走，現代社會之所以沒有出現強有力的領導者，其原因就在於缺乏政策及信念。

8 經常讓部屬仔細正確地報告現況

我經常瞭解自己的立場，隨著把現況報告書放在腦海裡，無論何時都能知道自己部隊的位置。對於現況報告書的每一頁，我都仔細閱讀，絕不會錯過任何一個字。

（一八〇九年二月十一日，向雷特累所說）

拿破崙以這句話說明注意當時全盤情勢的必要。

在西班牙戰役中親自出陣的拿破崙，於一八〇九年一月回國。他對哥哥約瑟夫的無能感到非常氣憤，於是，把雷特累叫到達伊爾里宮，來商量如何使約瑟夫振作的對策。雷特累是約瑟夫擔任拿波里王時代的財務部長，因此，拿破崙認為他即使直言向約瑟夫勸諫，也會在所不惜。

拿破崙能迅速看透全局，立刻下決斷，而無法做到這點的兄長，令他感到焦慮不安。

「西班牙王不知道自己職務的基本事項，他更不知現狀報告書為何物！」

拿破崙會向雷特累表露這樣的不滿，自有其道理。

對拿破崙來說，經常指揮人就能擔任將軍的說法，簡直是一派胡言，像約瑟夫不是經常指揮許多的人嗎？但他一看到敵人逼近過來，竟留下一千五百名的傷兵，逃出馬德里。

拿破崙認為，約瑟夫為何不調度車輪載運傷兵，他很想當面責備約瑟夫，如果他能正確掌握現況，也就不會遭到失敗，而正確掌握現狀，絕對是約瑟夫能及的事。

拿破崙自己為了能掌握現況，經常把幾份現狀報告書放在手邊。根據秘書福恩的回憶說：「他已經到了閉上眼睛也能閱讀報告書的地步。」

尤其是「陸軍檔案」的數目最多，裡面詳細記載著各部的狀況及傷患的人數，從將軍及高級將領的軍歷到戰傷經歷詳細記錄的「人事檔案」，也是他常翻閱的檔案。

除了記錄建造中艦艇的進度及這些艦船今後的配置計劃的「海軍檔案」之外，還有極詳細的「步兵檔案」及「砲兵檔案」，此外，雖然稱不上完備，但拿破崙也擁有「外國人部隊檔案」及「敵軍檔案」。

「軍隊的現狀報告書，就像藏書令我感到最快樂的文學書籍一樣，我只要一抓到時間便翻閱這些報告書，它對我來說是最快樂的事。」

即使是拿破崙如此忙碌的人，他只要一有空，就會閱讀各種報告書，他的腦海中，正確地刻劃著軍隊的現況及動態。有一天，拿破崙厲聲叱責一位值星官說：

「這六萬法郎的收據是什麼？離開四百公里的地駐屯著連隊，在巴黎不可能領到這麼大的金額！」

對於軍隊的配置十分清楚的拿破崙，露出銳利的眼光，從此以後，再也沒有人敢以偽照的收據請領公款，這都歸於他平日能掌握軍中的狀況。

拿破崙擔任義大利副王時，曾向他的義子威茲姆說道：

「關於軍隊的各種現況，大臣們每月二次向我提出一份十七冊的報告書。」

各種現況報告書每月最遲要在隔月向拿破崙提出，即使是拿破崙最重視的「財政檔案」也不例外。

而「財政檔案」則詳細記生話必需品及市場價格的變動情形。

拿破崙一眼就看出哪一縣的生活必需品不足。同時，他對數字也是出了名的嚴格。

「塞納河運送酒用的船有九艘？」

「現在中央市場裡有多少袋小麥。」

從拿破崙的口中經常接二連三發出這類問題，大臣高官們都戰戰兢兢不敢怠慢。

擔任警政總監務巴斯基後來回憶後：

「被問到問題的人都要回答正確的數字，大概的數字拿破崙是不會滿足的。」

像內政部長沙布達爾這樣，倒是深深體會到向拿破崙報告的要領，他開玩笑說：

「八月的歐洲有九隻蒼蠅，法國的母雞有九隻，如果被拿破崙問到這樣的問題，由於他無法去證實，只要隨便說個數字就可以了。」

這姑且不論。拿破崙確實是靠著「現狀報告書」熟悉了法國的現狀，每一個角落所發生的動態，他都能瞭若指掌。因此，一八〇二年三月與英國締結亞米亞爾和平條約之後，他立刻決定傾全力於和平產業的振興，他很早就感覺此項工作的必要性。從此以後，部隊代替了要塞，拿破崙視察的身影不斷出現在各製造工廠中。

9 對於時間的限制應及早因應

每日按步就班，符合時限的要求往前邁進，才能有所成就。

（一八一三年二月十三日，向國務院議員莫奈所說）

拿破崙為了符合「時間的限制」，每日一定要看過報紙及警察人員的報告書。每天早上一進執勤室，他首先閱讀的就是放在桌上的一堆報紙。如果有特殊情況無法閱讀，他會在入浴時叫人把重要的新聞唸給他聽。

而且，他閱讀的不僅限於法國的報紙，精通數國語言的秘書馬尼哀及數位翻譯官，會將外國新聞的要點翻譯出來讓拿破崙看。拿破崙特別熱衷於閱讀英國的報紙，自從實施大陸封鎖政策後，由走私船運來的大量英國報紙，都讓屬下迅速翻譯出來。

據協助過王政復古的普拉德神父形容拿破崙說：

「他用拇指快速把報紙翻閱過去，瀏覽所有的新聞。」

儘管如此，拿破崙仍瞭解到每一件新聞的來龍去脈。並且，他對宗教、思想及政治各方面會影響輿論的報導，每天都會請專屬的秘書為他分析解說。除此之外，他還聘有專人為他收集最近十天的新書，及詳細介紹最近上演的劇作及重要的演講、廣告的內容。

不僅這樣，拿破崙除了星期日之外每天都要仔細細閱讀警察的報告，這些報告往往高達二、三十頁，十分厚重，但他深深明瞭，要瞭解時代及民心的動向，這些報告是不可或缺的東西。

今日的世界正在急速發展，像拿破崙這樣，提早看出時間的有限，並努力爭取時間，正是為政者所必備的條件之一。

懂得時間寶貴並爭取時效的人，在做任何時必定最有效率，如果成功是一項「時間的賽跑」，那麼勝利的人永遠屬於懂得利用時間的人！

10 如果不具被敬畏的強勢姿態必無法成為領導者

如果我不夠堅強，結果無法被部屬敬畏，那麼，以這天為終點，我的統治會結束！

（一八一三年六月二十六日，向麥迪爾尼所說）

一八一二年的俄國戰役悲劇之後，拿破崙將三十萬兵力的法軍重新整編，越過艾爾貝河之西，與俄國及普魯士的軍隊再度交手。不久，李蘇艾恩在巴索恩擊敗了聯軍，六月四日，雙方在波萊斯華締結了停戰的協定。

然而，拿破崙的立場極為不利，他麾下的元帥們，已厭棄的戰爭，因此才希望求一時的和平。奧地利的內政部長麥迪爾尼不放過這個大好良機，從奧地利向拿破崙提出調停的要求，但是他卻向俄國沙皇說出了自己的真正用意：

「如果拿破崙拒絕我們調停的要求，停戰的協定當然也不算數，我們奧地利要站在陛下的這邊，一起作戰。拿破崙縱然接受了調停來說，也一定會提出我們無法接受的要求，所以結果是一樣的。總之，儘量拖延時間的話，我們就可調整作戰計劃。」

聽到麥迪爾尼與沙皇亞歷山大二世私下訂立密約的風聲，拿破崙把麥迪爾尼請到特萊斯塔來質問，然後說：

「你希望我做什麼？讓我失去名譽？那是不可能的！我知道死的方法，但我的領土一點也不會割讓給別人，你們那邊的君主都是出自皇室的系統，不管停戰幾次也能再回到首都。然而我不能這麼做，因為我是個從士兵爬上來的男子漢！」

說完這番話，他又說了開頭的話。

「我如果能受到敬畏，屬下的元帥才會毫不遲疑地跟著我的腳步走。」

這正是表露拿破崙信心十足的一句話。

顯然地，人必須有強者的態度，在某種程度上受到人們的畏懼，這是在某一組織中獲得權力的人，必經的宿命，也就是說，身為組織的領導，必須有威嚴，令部屬敬畏三分。

在戰場上，戰鬥之前士兵們一定會觀察指揮官的眼睛，如果指揮官眼睛稍微有一點退卻的眼光，士兵們絕不會聽從指揮官的指揮，畏畏縮縮的將軍，如何取得士兵的信任，所以說這樣的指揮官不戰而敗並不為過。

總之，領導者本身不夠堅強的話，部屬絕不會心服，一個真正的領導者應是不顧自己的陞遷及立場，全心以組織全體為出發點。有了這樣的領導者，部屬自然會產生永遠追隨的心情。如果不具備不向任何事屈服的堅強，及伴隨而來不易被人接近的威嚴，便無法支配人，這正是要求於領導者的第一項素質。

11 勇氣及才氣兩者缺一不可

害怕眼睛看不見的危險，是因為危險有如幽靈一般，我們無法正視它並進而克服它。領導者與其任用這樣的，不如選擇有才氣的人。那樣的人才也可能天生具有膽識，無論什麼樣的機會，他都能看得很清楚。

（一八一三年二月十三日，向國務院議員莫奈所說）

在莫斯科戰役嚐到敗績的拿破崙，決定今後自己離開法國時，要為攝政政治奠定好基礎。關於此點，他在達伊爾里宮與莫奈談到上述的話。

拿破崙在這段話之前先批評了密拉元帥：

「密拉元帥真是個沒有勇氣的人，因為他的腦筋不夠靈活才會如此。」

他對拿波里王把密拉說得一文不值。

「對眼睛看不見的危險畏懼的男人」，這當然是指密拉元帥，元帥本身對拿破崙的指責，一句話也不曾反駁過。

在莫斯科戰役法國大陸軍遭到決定性敗北時，密拉元帥率領士兵，迅速回到拿波里。接著他想著敗北後的種種「危險」，對這些幻影恐懼不已。不僅如此，他心中的「法國比拿波里更重要」意識開始出現。

但是其妻子卡蘿莉絲的兄長對皇帝拿破崙有過背叛行為，是不爭的事實。

密拉元帥如果在俄國堅守崗位，不在危險的情勢之下折回拿波里便另當別論。對拿破崙來說，重用沒有才氣也缺乏真正勇氣的密拉，無疑是他的一大敗筆，他因此後悔不已。

此時，拿破崙可能反射性的想到已亡故的拉恩姆元帥的事情，湊巧拉恩姆元帥正是密拉元帥的勁敵。

一八〇九年五月，在對奧地利作戰中驍勇善戰的猛將拉恩姆，不幸中了敵彈而殉職。一聽到「拉恩姆受重傷」的消息，拿破崙立刻趕到現場，緊緊抱住元帥。他突然站起來騎上馬，脫下帽子用力丟在地上，他的面頰被眼淚所掩蓋住，因判斷拉恩姆已無法救回的衝擊，帶給他莫大的悲慟。

「不要管我！」拿破崙制止了想要撿起帽子的士兵，任意讓馬蹄踐踏帽子，拿破崙以懷念的語調向在場的將領們說：

「拉恩姆是我的好友，他開始是勇氣更勝於才氣，但一天比一天出色，才華出衆，兩者已能取得平衡……。我錄用他時他還是默默無聞的小人物，現在卻是人人仰慕的巨人，不料老天竟狠心讓我失去他。」

12 迅速的決斷及實行需靠平日的深思熟慮

儘管在別人看來是被置於意料不到的狀況，但是，悄悄告訴我該做什麼事的，並不是天份，而是自我反省、深思熟慮的習慣。

（一八〇九年三月六日，向雷特累所說）

由於對奧地利作戰不可避免地已在四月展開，拿破崙對西班牙情勢一直未好轉感到憂心，再加上西班牙王約瑟夫無法順利統治，經常說一些洩氣話，久久無法振作，更令他不滿，抱怨道：

「西班牙不夠勤勉，稍微做一點事情，多用腦筋思考一下，都會表現出一副精疲力盡的模樣。」

拿破崙對哥哥缺少努力及耐性感到不悅，於是，透過約瑟夫最信賴的雷特累，向哥哥提出忠告。

在此之前，拿破崙說明了自己的處事方式：

「我經常動腦筋，對事情做一番深入的分析思考，我之所以對任何事都能應付自如，那是因為，在開始做某件事時，我會花時間不斷思考將發生什麼狀況，事先預測這些狀況的演變、影響。」

拿破崙認為，並不是能應付當場的狀況就好了，如果抱著「船到橋頭自然直」的心態，則永遠無法掌握自己的未來，凡事只能聽天由命。拿破崙所說的話，對約瑟夫來說，無疑最刺耳的了。

與兄弟截然不同的拿破崙，正如他自己所說：「無論在晚餐或劇場中，我的腦筋也經常在活動著。」在達伊爾里宮一面進晚餐，他的思緒卻在歐洲的大局上騁馳著。

「我是人們之中最痛苦的奴隸，必須遵從無情的主人，那位無情的主人，就是事態的預測及自然的演變。」

拿破崙的自我分析，確實有幾分道理。

拿破崙的聰明才智，絕不輸給任何一位賢能的政治家、敏捷的外交官及勇猛的名將，不僅如此，在某些地方甚至比他們更優秀，這也是他比他們更懂得深思熟慮的緣故。

把拿破崙批評為「反省、想像及決斷的囚犯」的拿破崙研究家路易·西爾塔尼，斷言拿破崙迅速的決斷及應對能力，不外來自平日深思熟慮的結果。

舉例來說，拿破崙的腦海中經過思考後自然產生「軍人應如此」的原則，因此，在軍人進退之際他絕不會猶豫不決，遲遲不敢下決定。

俄國戰役後，塔克洛少將以鼻骨凍傷為由，要求回國服務，拿破崙立刻回答他：

「既然無法服軍役，也沒有治癒的可能性，那麼在國內服務也辦不到。」

塔馬萊將軍在西班牙戰爭中希望由卡迪爾尼派遣軍轉調到巴爾幹半島的伊里利亞派遣軍，但拿破崙明快地告訴他：

「離開戰鬥中的部隊，轉到沒有戰事的軍隊，最要不得了，不准！」

拿破崙對於一切的決定總是成竹在胸，好像早已有全盤的準備，穩操勝算，這都是來自他平日的深思熟慮，從不會看他焦慮地問人：「撤軍後要怎麼辦？」或其他自己無法下決斷的問題，一切的問題，都在他的掌握中。

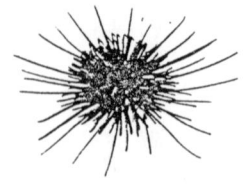

13 應培養計劃及實行都很優秀的人才

任何人都能擬定作戰計劃，但真正能加入戰爭的人幾乎沒有。那是因為，隨著事態及情勢而行動，只有軍事天才可以辦得到，因為這個緣故，最優秀的戰略家絕大多數都無法擔任將軍。

（向內政部長西布達爾所說）

這段話是拿破崙將軍親自在陣頭指揮時，說明將軍必須對戰場的情勢有明確判斷。然後他又接著說：

「我之所以能成為名將，是因為對在西班牙戰役中指揮作戰的將軍，不做任何指示，從達伊爾里宮是無法指揮軍隊的。」

以上都是說明作戰指揮真諦的一段話。

誠然，這種信念也會帶來不良的結果。在戰場的部屬將軍們，如果依照拿破崙的命令來指揮部隊就以為沒事了，有時也不必親自判斷戰況，但是，拿破崙一旦不在他們的身旁，將軍們反而不知所措，無法發揮指揮能力。所以，拿破崙不希望給將軍們太多的指示，讓他們自己去判斷情勢，發揮原有的指揮能力。

最好的例子就是西班牙戰役的芝諾將軍。他在拿破崙一離開西班牙之後，不知如何是好，只有節節敗退。但是，依然看重他的拿破崙，一直讓他繼續指揮軍團，結果，換來一八一二年八月俄國戰役的悲劇。

八月十九日烏爾塔那的戰鬥，芝諾的軍隊如果能夠斷然進行攻擊，拿破崙必能擊敗俄軍，不料最後卻喪失了勝利的契機。

拿破崙對於此事自然大為憤怒，立刻把芝諾撤職。「法國大陸軍公報」上曾嚴厲批評芝諾將軍缺乏決斷力。因為這次的事件，芝諾後來也因無法忍受打擊而發了瘋，這無疑是命運的一大嘲諷。拿破崙如果教育第一線指揮官們，讓他們明瞭自己應具備的能力，也許芝諾也能成為一名勇將，留名於青史吧！

太平洋戰爭中，日本只注重後方的大本營而忽略現實的作戰計劃，使我國將兵死亡不計其數。戰艦「大和號」在毫無計劃的情形下向沖繩方面出擊，便是其中的一例，其他的例子更是不勝枚舉。

事實上，軍人的條件應是能擬定作戰計劃也能實際參與戰爭。這項條件不僅限於軍人，對企業從業人員也是一樣適用。真正的企業經營者，不能只依靠紙上的計劃，依照事態及情勢能迅速下確實的判斷，今後的社會，應是要求這類型企業天才的時代。

14 看清自然的演變

雖是高層的政策，也不過是重大事態在發揮良知而已。

（向約瑟夫・夫艾華所說）

信守現實主義的拿破崙，不會隨自己的慾求恣意編織夢想，並想去實現它。相反地，他透視了現實，肯定地掌握它。他正確估計一項辦法可以實行到什麼樣的程度，然後在這個範圍內儘量發展最大的可能性。以拿破崙的觀念來看，倘若只是以假想性的觀察來預測未來，根據想像在現實中生活，最後只會扭曲了現實而已。

拿破崙對於這樣的生活方式，曾在國務院發言說：

「要配合各項原則時，眼睛應放在現實的可能性上，不要去注意不確實的事物，思索不確實的東西。」

這句話正是他一貫的觀念。

如果我們對現實不屑一顧，只是一味追尋夢想，夢想絕對無法實現。像拿破崙這樣，嚴密地分析現實，找出夢想潛在的可能性，便是成功的秘訣。在這裡隱藏了「拿破崙奇蹟」的秘密。

對拿破崙來說，良知的作用即在於無論什麼樣的事態都可以被扭轉過來，不管現實如何險惡，面臨什麼樣的狀況，只要能冷靜地看清事態的演變，還是一樣能掌握狀況，扭轉一切。

拿破崙實現了法蘭西帝國的夢想，這不僅是依靠他的意志力，也是因為他能深深透視了時代的脈動及事態的演變，並尊重這些變化，適度調整自己的腳步。

這正是拿破崙實用主義的精髓。

15　人才是最重要的資產

我需要某個人才時，即使為了去求他而覺得不好意思也在所不辭，或許我會拍他的馬屁也說不定。

（向克拉克所說）

法國諺語說：「與某個人的屁股接吻」，這是對一個人卑屈奉承的意思。當然，自尊心極強的拿破崙，實際上不會這樣去巴結一個人。他心裡想說的不外是，失去優秀的人才是領導者最大的損失。

被視為拿破崙勁敵的莫洛將軍、王黨派的喬治•卡特華德及畢修克利將軍等人，以參與反拿破崙陰謀活動的嫌疑，相繼被逮捕。拿破崙嘆息著說：

「在戰場上發揮天才的莫洛，在俗世竟是個懦弱的人。」

「我三日來一直無法相信這個現實。」

對於這些傑出人物的背叛，拿破崙遭受了前所未有的打擊。

莫洛將軍被處以監禁二年的徒刑，但對他的軍事才幹給予很高的拿破崙，仍安排他到美國去。

而牽涉到本案的畢修克利將軍及喬治•卡特華德等人，也因拿破崙非常憐惜他們的才能，逃過一劫。後來拿破崙向女兒奧爾坦絲坦述：

「如果只能特赦一個人的話，我會放了喬治•卡特華德，他正是無能出其右的勇者！」

一七九五年征服荷蘭的勇將畢修克利，拿破崙也儘量讓他擔任殖民地的指揮官，並考慮找機會讓他回國，但是，畢修克利卻在獄中自殺身亡。

像拿破崙這樣慧眼獨具的人，確實很罕見，為了起用優秀的人才，或獲得他們的建言，他可說是費盡了心機，用盡了一切的辦法。

16 機會不會等待著我們

命運與女人一樣，現在讓她們溜走，明日不能再期待她的來臨！

（在聖赫雷諾島向萊斯・卡茲所說）

這是拿破崙說明不讓契機溜逝要緊緊掌握住它的一句話。

拿破崙在寫給外交部長塔拉伊的信中，敘述如下：

「不管發生了什麼大事件，成敗與否只是毫髮之差而已。腦筋轉得快的人，什麼事都能跟得上狀況的變化，抓住機會。另一方面，機會增加時他也不會任何事都擱置不管。腦筋遲鈍的人，往往連唯一的機會也讓它溜走，一切事情都成為幻影。」

這無疑是對當時總裁政府的優柔寡斷及無法理解所做的一番挖苦。

義大利派遣軍的最高司令官拿破崙將軍，二十七歲便在羅達一役戰勝，五月繼續攻入米蘭城，十一月在安爾柯拉擊敗了奧地利軍。

翌年一七九七年四月，在雷奧貝恩與奧地利締結條約，被稱為「常勝將軍」的拿破崙，向總裁政府要求增加一萬名兵力的援軍，以求完全使奧地利軍投降，訂立正式的和平條約。

然而，懼怕王黨派愈來愈猖獗的總裁政府，為了要加強逐漸崩塌的基礎，正面臨千頭萬緒的整頓工作，自然無法答應拿破崙的要求。

對於政府的拒絕派兵，拿破崙催促外交部長塔拉伊立刻下決定，他以警告的口氣在信中寫道：

「不派遣一萬或一萬二千名的兵力給我，真是大錯特錯，我之所以能讓奧地利王震懾，是因為能將義大利納入我的手中。」

根據拿破崙的判斷，能完全壓制義大利的機會是千載難逢的，他說：「如果今天讓它溜走的話，明天就不會再來了！」

拿破崙堅持著一個信念，無論發生什麼事都不能讓機會溜走，最後他終於使出戰術，脅迫政府說如果再不增援最高司令官兵力，就要辭職。大為驚訝的總裁政府，以取代增援派兵的方式，全權委任拿破崙將軍與奧地利進行和平交涉，拿破崙因此滿懷自信地與奧地利代表柯貝索爾交涉，終於在十月十七日簽署和平條約。

把命運比喻成機會或比喻為女人，不愧是拿破崙的一大創舉。的確，機會不會等待著我們，這個感觸我們都在身邊的遊戲或運動中體驗過。在遊戲或運動中，勝敗是關鍵問題，而人是否能巧妙掌握機會，往往左右了一生的命運。因此，我們要牢牢抓住機會，在瞬間下判斷，並且立即行動，如此才能掌握自己的命運。掌握機會即掌握命運！

17 當心你的追隨者

我們真能完全相信身邊的追隨者嗎？開始時他們說要忠心追隨，至死不貳志，且不斷巴結你，說一些奉承話。但如果不加以制止的話，他們的逢迎諂媚不久就逐漸變成不客氣的舉動，結果更有目中無人，倨傲無禮的情形發生。

（在聖赫雷諾島向萊斯・卡茲所說）

說這段話時，拿破崙的腦海裡大概正描繪著塔拉伊不可一世的驕傲姿態吧！塔拉伊剛開始追隨拿破崙時，不斷說恭維的話來討好拿破崙，結果仍背叛了拿破崙，使他遭受痛苦不堪的打擊。拿破崙對於好不容易爬升到皇帝地位的自己，一再告誡自己必須特別保持威嚴，重視禮貌，他認為平民出身的身份，更應努力扮演帝王之尊的角色。

「否則，大家會像家常便飯一樣，隨便和我勾肩搭背，有失我皇帝的尊嚴，法國人天生很容易表現出不適合場合的言行舉止。」

像拿破崙這樣有權力的人，不難想像他的周圍有許多阿諛奉承的追隨者。

「連大地都沈默起來，傾聽拿破崙的聲音。」（巴伐利亞公使莫茲拉）

「拿破崙甚至比神更偉大！」（詩人雷姆安爾）

「在某種意義上，如果我能變成你那該有多好！」（巴迪恩王國皇太子）

「和皇帝說五分鐘的話，會讓你確信自己站在王者之王面前。」（馬伊索主教）

像這些令人感到「心裡癢癢」的恭維話，拿破崙多半時候是皺皺眉頭，一笑置之。

在德雷斯塔的司令部時，薩克塞國王贈送給拿破崙一個「焰火的饗宴」，在每支焰火上貼著一張標語：「焰火的壯麗，也比不上拿破崙皇帝！」

拿破崙看後十分不悅，怒氣沖沖地說：

「這些人究竟把我看成什麼糊塗蟲呢？只喜歡聽恭維話的昏君嗎？」

他終於受不了，破口大罵：

「我的周圍巴結我的人太多，實在讓我感到沮喪，我並不希望如此！」

拿破崙會露出忿懣之情，也是無可厚非。

塔拉伊雖然也曾是拿破崙忠心的追隨者，但結果仍背叛了他，這正應驗了一句諺語：「在前面追隨你的人，在背後一定會誹謗你」。事實上，我們社會上充斥著這類專門巴結奉承的人。「苦口婆心是良藥，甜言蜜語是毒藥」，拿破崙雖然憎惡身邊的小人，但對於毫不忌諱直言的人，仍相當尊重，只要好的建議他都會採納，反省自己，改正缺點，這正是一個領導者應注意的地方。

18 以年輕及能力為優先

政治最重要的要領，是不使一個人老化。

（向英國海軍軍醫歐麥拉所說）

這句話表現出拿破崙的信念。他不斷任用具有年輕本錢及才能的人才，讓他們負起重大的責任。但是，拿破崙非常重視年輕人是否染上偏見及先入為主的觀念等習性，要求他們也具備廣闊的視野。

拿破崙擔任執政時，除了塔拉伊、福恩、卡巴貝塞等四十歲以上較年長的部屬之外，身居要職的都是三十五歲以下的年輕人。他的弟弟露西亞擔任內政部長時年僅二十五歲，二十歲及二十一歲的副官也不乏其人。

「愚蠢的人看過去，賢明的人重現在，狂妄的人想未來」。

這是拿破崙的名言，對於一味著重過去的人，他會有不信任感，因此，他希望重用年輕而又有才能的人，他們沒有過去的包袱，較能充分發揮能力。

被國務員莫奈問到為何不任用舊制度時代的貴族時，拿破崙回答的理由是：

「我沒有可以等待的時間，而必須停地行動，向前邁進，要做到這點便需有一批得力的助手，我不得不任用具備年輕、能幹這兩項條件的人才。」

總之，拿破崙認為年紀稍長的人往往拘泥於過去，沒有求新求變的精神，更沒有年輕人的幹勁及活力，終究靠不住。

對拿破崙來說，昔日的貴族是否適合解決今日的問題，仍是有待商榷的問題，而不執著於過去的年輕人，不但擁有年輕的本錢及能力，更有開創的精神，非常值得期待。

將近七十歲的政治家，稱五十歲的後輩為「毛頭小子」，並永久對權位戀戀不捨，這實在是令人難以理解的現象，無怪乎有人稱這批政治家們為「老賊」。

拿破崙曾向雷特累說：

「我雖一介農民的兒子，但一直希望自己有一天會成為元帥、大臣。」

正如拿破崙這樣自許，他那個時代，「能力」即代表一切，年輕人莫不胸懷大志，期許自己：

「我五年後要升為上校，十年後要升為將軍！」

「五年後擔任縣長，十年後成為國家大臣。」

因此，拿破崙失勢沒落之後，年輕人十分沮喪。斯湯達爾所著的「紅與黑」中主人公朱里安・索萊爾的嘆息，正是年輕人的心聲：

「啊！拿破崙如果現在能君臨天下，我也可以成為將軍了！」

事實上，繼續王政復古的拿破崙時代，又開始了老人支配政權的體制。如此一來，以往年輕人創造性的熱情完全銷聲匿跡了，舊有的弊端及勾心鬥角的情況又再度復甦，官員們畏懼嚐試新奇的事物，一切又回到消極性的墨守成規，因循前例。

從某種意義來說，拿破崙的沒落，使年輕人的力量逐漸淡薄了。

無論是哪一個社會，必然會面臨新舊交替的時代，我們應以年輕及能力為優先，學習拿破崙的統治要領，讓有才幹的年輕人充份發揮，一展長才。

19 細心的計劃及決斷後的勇往邁進可帶來的成功

沒有比擬定某一項軍事計劃時的我，更小心翼翼的人。我一旦下了決斷，除了將決心引導到成功之境以外，其餘的一切事都拋諸腦後。

（一七九九年十月二十六日，向雷特累所說）

拿破崙將軍於一七九九年十月九日在政變中打倒了總裁政府，樹立了執政政府。而在政變之前，他向心腹雷特累敍述了複雜的心境。

無論任何人，在進行重大的事情之前，在心裡總是會有種種疑惑動搖著他的信心，於是自問：「沒問題嗎？」感到惶恐不安，或是想到不好的一面：「會不會變成不好的結果？」關於此點，連以果斷著稱的拿破崙都不例外，何況是我們常人呢。尤其有關軍事作戰，拿破崙也會表現出近乎懦弱的小心翼翼。

一七九六年六月，義大利派遣軍最高司令官拿破崙將軍，抵達北義大利安塔河的對岸，敵方的奧地利軍則向另一方河岸撤退，連接河岸的長橋安然無恙，並沒有被爆破。

拿破崙微笑著，立刻下令強行渡河作戰，但是前哨部隊的高級將領卻說：

「渡橋是沒辦法了。那座橋長有一百九十五公尺，我方部隊還未渡過河中，必定就會受到敵人砲火的攻擊，一一打落水中，這一定是奧地利軍所設下的陷阱！」

聽了那位將領的警告，拿破崙心中突然湧上懦弱的情緒，心中自忖：「還是慎重一些應付比較好。」但是，與心裡所想的完全相反的，他向士兵們說：

「但今天如果不渡河的話，我軍就停在右岸動彈不得。趁著這個機會，包里所率領的奧地利軍一定反擊過來。如此一來，不要說米蘭的攻防戰，連羅巴提爾作戰也會完全遭受挫敗，那麼，我們辛辛苦苦在莫迪那及米雷西諾所獲得的勝利，豈不是要化為幻影？犧牲多少同胞才獲得的勝利，絕不能讓它歸於零！」

說著，拿破崙仍無法抑止內心的激動，他的心雖曾一度動搖過，但仍即時下了決斷：

「我軍在馬塞那、奧茲洛兩師團到達之前，全部待命於渡河作戰，在此之前先準備了攻擊準備！」

當時，拿破崙手上的兵力，只有二千名前哨部隊及若干名騎兵而已，僅及奧地利軍的五分之一，甚至六更少的六分之一。

拿破崙的顧慮也不無道理，證明他不是真正懦弱的人。

當時如果強行渡河的話，拿破崙的部隊也許會遭到被殲滅的境遇，徒然逞暴虎馮河之勇罷了。

主力的奧茲洛師團及馬塞那抵達安塔河對岸時，正是晚霞滿天的時刻。

「渡河作戰！」

拿破崙凜然的命令聲，響徹雲霄。

片刻間，馬塞那師團的先鋒以密集縱隊的隊形開始渡河。但在敵人猛烈的砲火下，狹窄的橋上，只見堆積如山的戰死者屍體。

此時，小心翼翼已無用了。

拿破崙司令官反射性地搶過旗手的軍旗，在砲火中向著橋上敵人的方向突進。

全軍渡河結束時，才正值夕陽西下的時刻。拿破崙的果決與勇敢，使法軍終於獲得勝利。

洛達一役的戰勝，可說是拿破崙司令官的「謹慎」及「決斷後勇往邁進的精神」所得到的結果。

在說完開頭那段話後，拿破崙進一步對雷特累說：

「我擬定軍事計劃時，可能發生的危險及不方便之處都列入考慮，然後便陷入一種坐立不安的狀態，儘管如此，在周圍人的面前，還是能保持冷靜，像是待產的孕婦一樣。」

雖然非常小心翼翼，被嚴重的不安所襲擊，但拿破崙卻絕不會表露出來，這是身為領導者的人所不可忘記的風度。

不僅是拿破崙，歷史上被稱為名將的人，對於危險都比常人來得敏感，看到形勢不利時，絕不會採取魯莽的行動，而是退一步仔細考慮，抓住機會巧妙避開危險，這也是致勝的要訣之一。

日本海軍最後的軍令部次長大西瀧治郎中將，在擬定作戰計劃時被認為過於謹慎小心，他為自己辯解道：

「如果奇襲夏威夷的話，只會受到美國國民根深蒂固的憎恨，會變成完全沒有妥協的餘地。」

他力排眾議，繼續反對一九四一年十二月的珍珠灣攻擊行動。

大西中將也是以理智的「懦弱」而聞名的名將之一。

後記

一八一四年四月四日的傍晚，巴黎南方夫奧他波多一座邸宅中，充滿了沈痛的空氣。加上法國戰役的戰況顯著不利，俄國、奧地利及普魯士所組成的同盟軍，已攻進了巴黎，而皇帝拿破崙卻還不反擊。

但是，魯伊將軍以下的貝爾塔艾、魯大威爾、溫德諾等將領，都認為戰爭已沒有勝算，徹底反對繼續戰爭。不久，激烈型的魯伊將軍，下定決心跑到拿破崙的房間，對他吼叫：「陛下，現在已到了生死攸關的關鍵時刻了，下定決心退位吧！」

對魯伊這句話，拿破崙不禁懷疑起自己的耳朵。

一八一二年的俄國戰役中，魯伊在莫斯科勇戰俄軍，在撤退的法國大陸軍之後最後仍負嵎頑抗，誓死不屈，終於贏得「勇者中的勇者」的稱譽。他的話無疑是給拿破崙的一記當頭棒喝，深深刺痛了拿破崙的心。

此時，拿破崙顯然也有了「到此為止」的念頭，對帝位死了心，所以，很快在「退位宣言書」上簽名，了遂魯伊等人的心願。

從某種意義來說，魯伊將軍等人在夫奧他波的叛變，可說是種下拿破崙被放逐到艾爾島的原因之一。

從那時候不到一年的時間，拿破崙從艾爾巴島逃脫，一八一五年三月一日在南法的喬安灣登陸，而揭開了「百日天下」的序幕。

另一方面，魯伊將軍雖背叛了拿破崙，但他和舊拿破崙軍下的軍國人物一樣，在第一王政復古之下完全被冷落了，退隱在法國中部的貝利地方，所以，他一接到拿破崙重新出現法國本土的消息，便立刻跑到巴黎路易十八世的面前進言，他認為那是獲得國王信賴的絕佳機會，更可藉此把拿破崙趕出法國國境，一勞永逸。

「我要把拿破崙關在籠裡帶到陛下的前面。」

魯伊誇下海口，信心十足地離開了巴黎。但是，袒護拿破崙的部屬並沒有追隨他而去，在南下的途中，拿破崙派了軍使前來。

已經所剩無幾的士兵不用說，魯伊身旁的心腹們苦口婆心地說服他再一次追隨拿破崙。魯伊將軍的心劇烈動搖著，終於為了回報屬部們殷切的期待，他下定了決心。

一八一五年三月十八日，拿破崙與魯伊在巴黎以南一百八十公里的奧塞魯戲劇性地會見。

魯伊將軍才開口說：「在夫奧他波時……」就被拿破崙以爽朗的口吻打斷：

「那時候的事我現在已經完全沒有記憶了……我只記得在莫斯科的戰鬥而已。」

魯伊未料到拿破崙會說出這樣溫和的話，他不知不覺流下了眼淚，跪倒在拿破崙的腳邊。

百日天下之際，擔任拿破崙秘書的夫爾利·西恩潘在『回憶錄』中記載著，當天魯伊將軍被接待到奧塞魯小縣府內拿破崙專用的寢室時，兩人的一段談話：

「多想擁抱啊，我能再見到將軍，真是再高興不過了，我認為你是勇者中的勇者，經常對你表示敬意。

這絕對是拿破崙的由衷之言，這番話正可以表現出王者的風範。

如前面所敍述的拿破崙語錄，可以讓我們反覆思索而有所啟發的句子確實不少，例如：

「天才犯了錯之後，會改正自己驅走不幸。」

「堅持斷然的態度，需有堅強的意志……否則，絕不能參與戰爭或政治。」

「如果不留自己生存的後路，不如不要生存較好。」

「對於強者的幸福會吹毛求疵的都是弱者。」

「我已經無法服從，因為我擅長指揮，放棄它是辦不到的事。」

「政治家的心，必須在腦海中。」

「我的權力來自我的光榮，我的光榮則來自我的勝利。」

「並非高唱和平之調，就能得到和平。」

「國務院是為了指導輿論而存在，不是為了議論輿論而存在。」
「戀愛唯一的勝利，是巧妙的逃避。」
「所謂革命，是發現輿論的槍劍。」
「不懂得利用狀況的人，才是愚蠢的人。」

以上並沒有脈絡可尋，只是隨意列舉。拿破崙也說過一些輕妙的揶揄或銳利的警句，還有挖苦人們內心深處的真理，如果說這些句子令人聯想到道德主義的箴言，並不為過。

拿破崙的政治理念及國家觀念或許是屬於十九世紀的，然而，他的每一句話對於現代人來說，無疑是暮鼓晨鐘。尤其現代的政治家們，一切的行動無不以私利私慾為依歸，愈來愈優柔寡斷，無法因應國際社會迅速的變化。

本書的編輯目的，希望能對於上班族感到沮喪或陷入窘境時，能提供一些有益的啟示，其中的名句都是針對此項目標所選擇出來的。

至於本書的重點，則放在拿破崙在什麼狀況下所說的話，加以解說，有的句子加上筆者個人的見解。儘管如此，筆者畢竟缺乏上班族的經驗，究竟是否能成為讀者諸君的參考，也無甚把握，希望沒有畫蛇添足之嫌，但最重要的是，讀者本身應深入去瞭解拿破崙話中的含意，從中找出可以啟發自己的部分。

大展出版社有限公司
品冠文化出版社

圖書目錄

地址：台北市北投區(石牌)
致遠一路二段 12 巷 1 號
電話：(02)28236031
28236033
郵撥：0166955～1
傳真：(02)28272069

・法律專欄連載・電腦編號 58

台大法學院 法律學系／策劃
法律服務社／編著

1.	別讓您的權利睡著了 1	200 元
2.	別讓您的權利睡著了 2	200 元

・武術特輯・電腦編號 10

1.	陳式太極拳入門	馮志強編著	180 元
2.	武式太極拳	郝少如編著	150 元
3.	練功十八法入門	蕭京凌編著	120 元
4.	教門長拳	蕭京凌編著	150 元
5.	跆拳道	蕭京凌編譯	180 元
6.	正傳合氣道	程曉鈴譯	200 元
7.	圖解雙節棍	陳銘遠著	150 元
8.	格鬥空手道	鄭旭旭編著	200 元
9.	實用跆拳道	陳國榮編著	200 元
10.	武術初學指南	李文英、解守德編著	250 元
11.	泰國拳	陳國榮著	180 元
12.	中國式摔跤	黃　斌編著	180 元
13.	太極劍入門	李德印編著	180 元
14.	太極拳運動	運動司編	250 元
15.	太極拳譜	清・王宗岳等著	280 元
16.	散手初學	冷　峰編著	180 元
17.	南拳	朱瑞琪編著	180 元
18.	吳式太極劍	王培生著	200 元
19.	太極拳健身和技擊	王培生著	250 元
20.	秘傳武當八卦掌	狄兆龍著	250 元
21.	太極拳論譚	沈　壽著	250 元
22.	陳式太極拳技擊法	馬　虹著	250 元
23.	二十四式/三十二式 太極 拳/劍	闞桂香著	180 元
24.	楊式秘傳 129 式太極長拳	張楚全著	280 元
25.	楊式太極拳架詳解	林炳堯著	280 元

26. 華佗五禽劍	劉時榮著	180 元
27. 太極拳基礎講座：基本功與簡化 24 式	李德印著	250 元
28. 武式太極拳精華	薛乃印著	200 元
29. 陳式太極拳拳理闡微	馬　虹著	350 元
30. 陳式太極拳體用全書	馬　虹著	400 元

・原地太極拳系列・電腦編號 11

1. 原地綜合太極拳 24 式	胡啟賢創編	220 元
2. 原地活步太極拳 42 式	胡啟賢創編	200 元
3. 原地簡化太極拳 24 式	胡啟賢創編	200 元
4. 原地太極拳 12 式	胡啟賢創編	200 元

・道學文化・電腦編號 12

1. 道在養生：道教長壽術	郝　勤等著	250 元
2. 龍虎丹道：道教內丹術	郝　勤等著	300 元
3. 天上人間：道教神仙譜系	黃德海著	250 元
4. 步罡踏斗：道教祭禮儀典	張澤洪著	250 元
5. 道醫窺秘：道教醫學康復術	王慶餘等著	250 元
6. 勸善成仙：道教生命倫理	李　剛著	250 元
7. 洞天福地：道教宮觀勝境	沙銘壽著	250 元
8. 青詞碧簫：道教文學藝術	楊光文等著	250 元
9. 　　　　：道教格言精粹	朱耕發等著	250 元

・秘傳占卜系列・電腦編號 14

1. 手相術	淺野八郎著	180 元
2. 人相術	淺野八郎著	180 元
3. 西洋占星術	淺野八郎著	180 元
4. 中國神奇占卜	淺野八郎著	150 元
5. 夢判斷	淺野八郎著	150 元
6. 前世、來世占卜	淺野八郎著	150 元
7. 法國式血型學	淺野八郎著	150 元
8. 靈感、符咒學	淺野八郎著	150 元
9. 紙牌占卜學	淺野八郎著	150 元
10. ESP 超能力占卜	淺野八郎著	150 元
11. 猶太數的秘術	淺野八郎著	150 元
12. 新心理測驗	淺野八郎著	160 元
13. 塔羅牌預言秘法	淺野八郎著	200 元

・趣味心理講座・電腦編號 15

1.	性格測驗① 探索男與女	淺野八郎著	140 元
2.	性格測驗② 透視人心奧秘	淺野八郎著	140 元
3.	性格測驗③ 發現陌生的自己	淺野八郎著	140 元
4.	性格測驗④ 發現你的真面目	淺野八郎著	140 元
5.	性格測驗⑤ 讓你們吃驚	淺野八郎著	140 元
6.	性格測驗⑥ 洞穿心理盲點	淺野八郎著	140 元
7.	性格測驗⑦ 探索對方心理	淺野八郎著	140 元
8.	性格測驗⑧ 由吃認識自己	淺野八郎著	160 元
9.	性格測驗⑨ 戀愛知多少	淺野八郎著	160 元
10.	性格測驗⑩ 由裝扮瞭解人心	淺野八郎著	160 元
11.	性格測驗⑪ 敲開內心玄機	淺野八郎著	140 元
12.	性格測驗⑫ 透視你的未來	淺野八郎著	160 元
13.	血型與你的一生	淺野八郎著	160 元
14.	趣味推理遊戲	淺野八郎著	160 元
15.	行為語言解析	淺野八郎著	160 元

・婦 幼 天 地・電腦編號 16

1.	八萬人減肥成果	黃靜香譯	180 元
2.	三分鐘減肥體操	楊鴻儒譯	150 元
3.	窈窕淑女美髮秘訣	柯素娥譯	130 元
4.	使妳更迷人	成　玉譯	130 元
5.	女性的更年期	官舒妍編譯	160 元
6.	胎內育兒法	李玉瓊編譯	150 元
7.	早產兒袋鼠式護理	唐岱蘭譯	200 元
8.	初次懷孕與生產	婦幼天地編譯組	180 元
9.	初次育兒 12 個月	婦幼天地編譯組	180 元
10.	斷乳食與幼兒食	婦幼天地編譯組	180 元
11.	培養幼兒能力與性向	婦幼天地編譯組	180 元
12.	培養幼兒創造力的玩具與遊戲	婦幼天地編譯組	180 元
13.	幼兒的症狀與疾病	婦幼天地編譯組	180 元
14.	腿部苗條健美法	婦幼天地編譯組	180 元
15.	女性腰痛別忽視	婦幼天地編譯組	150 元
16.	舒展身心體操術	李玉瓊編譯	130 元
17.	三分鐘臉部體操	趙薇妮著	160 元
18.	生動的笑容表情術	趙薇妮著	160 元
19.	心曠神怡減肥法	川津祐介著	130 元
20.	內衣使妳更美麗	陳玄茹譯	130 元
21.	瑜伽美姿美容	黃靜香編著	180 元
22.	高雅女性裝扮學	陳珮玲譯	180 元
23.	蠶糞肌膚美顏法	坂梨秀子著	160 元

24. 認識妳的身體	李玉瓊譯	160 元
25. 產後恢復苗條體態	居理安・芙萊喬著	200 元
26. 正確護髮美容法	山崎伊久江著	180 元
27. 安琪拉美姿養生學	安琪拉蘭斯博瑞著	180 元
28. 女體性醫學剖析	增田豐著	220 元
29. 懷孕與生產剖析	岡部綾子著	180 元
30. 斷奶後的健康育兒	東城百合子著	220 元
31. 引出孩子幹勁的責罵藝術	多湖輝著	170 元
32. 培養孩子獨立的藝術	多湖輝著	170 元
33. 子宮肌瘤與卵巢囊腫	陳秀琳編著	180 元
34. 下半身減肥法	納他夏・史達賓著	180 元
35. 女性自然美容法	吳雅菁編著	180 元
36. 再也不發胖	池園悅太郎著	170 元
37. 生男生女控制術	中垣勝裕著	220 元
38. 使妳的肌膚更亮麗	楊　皓編著	170 元
39. 臉部輪廓變美	芝崎義夫著	180 元
40. 斑點、皺紋自己治療	高須克彌著	180 元
41. 面皰自己治療	伊藤雄康著	180 元
42. 隨心所欲瘦身冥想法	原久子著	180 元
43. 胎兒革命	鈴木丈織著	180 元
44. NS 磁氣平衡法塑造窈窕奇蹟	古屋和江著	180 元
45. 享瘦從腳開始	山田陽子著	180 元
46. 小改變瘦 4 公斤	宮本裕子著	180 元
47. 軟管減肥瘦身	高橋輝男著	180 元
48. 海藻精神秘美容法	劉名揚編著	180 元
49. 肌膚保養與脫毛	鈴木真理著	180 元
50. 10 天減肥 3 公斤	彤雲編輯組	180 元
51. 穿出自己的品味	西村玲子著	280 元
52. 小孩髮型設計	李芳黛譯	250 元

・青 春 天 地・電腦編號 17

1. A 血型與星座	柯素娥編譯	160 元
2. B 血型與星座	柯素娥編譯	160 元
3. O 血型與星座	柯素娥編譯	160 元
4. AB 血型與星座	柯素娥編譯	120 元
5. 青春期性教室	呂貴嵐編譯	130 元
7. 難解數學破題	宋釗宜編譯	130 元
9. 小論文寫作秘訣	林顯茂編譯	120 元
11. 中學生野外遊戲	熊谷康編著	120 元
12. 恐怖極短篇	柯素娥編譯	130 元
13. 恐怖夜話	小毛驢編譯	130 元
14. 恐怖幽默短篇	小毛驢編譯	120 元
15. 黑色幽默短篇	小毛驢編譯	120 元

16. 靈異怪談　小毛驢編譯　130元
17. 錯覺遊戲　小毛驢編著　130元
18. 整人遊戲　小毛驢編著　150元
19. 有趣的超常識　柯素娥編譯　130元
20. 哦！原來如此　林慶旺編譯　130元
21. 趣味競賽100種　劉名揚編譯　120元
22. 數學謎題入門　宋釗宜編譯　150元
23. 數學謎題解析　宋釗宜編譯　150元
24. 透視男女心理　林慶旺編譯　120元
25. 少女情懷的自白　李桂蘭編譯　120元
26. 由兄弟姊妹看命運　李玉瓊編譯　130元
27. 趣味的科學魔術　林慶旺編譯　150元
28. 趣味的心理實驗室　李燕玲編譯　150元
29. 愛與性心理測驗　小毛驢編譯　130元
30. 刑案推理解謎　小毛驢編譯　180元
31. 偵探常識推理　小毛驢編譯　180元
32. 偵探常識解謎　小毛驢編譯　130元
33. 偵探推理遊戲　小毛驢編譯　180元
34. 趣味的超魔術　廖玉山編著　150元
35. 趣味的珍奇發明　柯素娥編著　150元
36. 登山用具與技巧　陳瑞菊編著　150元
37. 性的漫談　蘇燕謀編著　180元
38. 無的漫談　蘇燕謀編著　180元
39. 黑色漫談　蘇燕謀編著　180元
40. 白色漫談　蘇燕謀編著　180元

・健康天地・電腦編號 18

1. 壓力的預防與治療　柯素娥編譯　130元
2. 超科學氣的魔力　柯素娥編譯　130元
3. 尿療法治病的神奇　中尾良一著　130元
4. 鐵證如山的尿療法奇蹟　廖玉山譯　120元
5. 一日斷食健康法　葉慈容編譯　150元
6. 胃部強健法　陳炳崑譯　120元
7. 癌症早期檢查法　廖松濤譯　160元
8. 老人痴呆症防止法　柯素娥編譯　130元
9. 松葉汁健康飲料　陳麗芬編譯　130元
10. 揉肚臍健康法　永井秋夫著　150元
11. 過勞死、猝死的預防　卓秀貞編譯　130元
12. 高血壓治療與飲食　藤山順豐著　180元
13. 老人看護指南　柯素娥編譯　150元
14. 美容外科淺談　楊啟宏著　150元
15. 美容外科新境界　楊啟宏著　150元
16. 鹽是天然的醫生　西英司郎著　140元

17. 年輕十歲不是夢	梁瑞麟譯	200 元
18. 茶料理治百病	桑野和民著	180 元
19. 綠茶治病寶典	桑野和民著	150 元
20. 杜仲茶養顏減肥法	西田博著	170 元
21. 蜂膠驚人療效	瀨長良三郎著	180 元
22. 蜂膠治百病	瀨長良三郎著	180 元
23. 醫藥與生活(一)	鄭炳全著	180 元
24. 鈣長生寶典	落合敏著	180 元
25. 大蒜長生寶典	木下繁太郎著	160 元
26. 居家自我健康檢查	石川恭三著	160 元
27. 永恆的健康人生	李秀鈴譯	200 元
28. 大豆卵磷脂長生寶典	劉雪卿譯	150 元
29. 芳香療法	梁艾琳譯	160 元
30. 醋長生寶典	柯素娥譯	180 元
31. 從星座透視健康	席拉・吉蒂斯著	180 元
32. 愉悅自在保健學	野本二士夫著	160 元
33. 裸睡健康法	丸山淳士等著	160 元
34. 糖尿病預防與治療	藤田順豐著	180 元
35. 維他命長生寶典	菅原明子著	180 元
36. 維他命 C 新效果	鐘文訓編	150 元
37. 手、腳病理按摩	堤芳朗著	160 元
38. AIDS 瞭解與預防	彼得塔歇爾著	180 元
39. 甲殼質殼聚糖健康法	沈永嘉譯	160 元
40. 神經痛預防與治療	木下真男著	160 元
41. 室內身體鍛鍊法	陳炳崑編著	160 元
42. 吃出健康藥膳	劉大器編著	180 元
43. 自我指壓術	蘇燕謀編著	160 元
44. 紅蘿蔔汁斷食療法	李玉瓊編著	150 元
45. 洗心術健康秘法	竺翠萍編譯	170 元
46. 枇杷葉健康療法	柯素娥編譯	180 元
47. 抗衰血癒	楊啟宏著	180 元
48. 與癌搏鬥記	逸見政孝著	180 元
49. 冬蟲夏草長生寶典	高橋義博著	170 元
50. 痔瘡・大腸疾病先端療法	宮島伸宜著	180 元
51. 膠布治癒頑固慢性病	加瀨建造著	180 元
52. 芝麻神奇健康法	小林貞作著	170 元
53. 香煙能防止癡呆？	高田明和著	180 元
54. 穀菜食治癌療法	佐藤成志著	180 元
55. 貼藥健康法	松原英多著	180 元
56. 克服癌症調和道呼吸法	帶津良一著	180 元
57. B 型肝炎預防與治療	野村喜重郎著	180 元
58. 青春永駐養生導引術	早島正雄著	180 元
59. 改變呼吸法創造健康	原久子著	180 元
60. 荷爾蒙平衡養生秘訣	出村博著	130 元

61. 水美肌健康法	井戶勝富著	170元
62. 認識食物掌握健康	廖梅珠編著	170元
63. 痛風劇痛消除法	鈴木吉彥著	180元
64. 酸莖菌驚人療效	上田明彥著	180元
65. 大豆卵磷脂治現代病	神津健一著	200元
66. 時辰療法—危險時刻凌晨4時	呂建強等著	180元
67. 自然治癒力提升法	帶津良一著	180元
68. 巧妙的氣保健法	藤平墨子著	180元
69. 治癒C型肝炎	熊田博光著	180元
70. 肝臟病預防與治療	劉名揚編著	180元
71. 腰痛平衡療法	荒井政信著	180元
72. 根治多汗症、狐臭	稻葉益巳著	220元
73. 40歲以後的骨質疏鬆症	沈永嘉譯	180元
74. 認識中藥	松下一成著	180元
75. 認識氣的科學	佐佐木茂美著	180元
76. 我戰勝了癌症	安田伸著	180元
77. 斑點是身心的危險信號	中野進著	180元
78. 艾波拉病毒大震撼	玉川重德著	180元
79. 重新還我黑髮	桑名隆一郎著	180元
80. 身體節律與健康	林博史著	180元
81. 生薑治萬病	石原結實著	180元
82. 靈芝治百病	陳瑞東著	180元
83. 木炭驚人的威力	大槻彰著	200元
84. 認識活性氧	井土貴司著	180元
85. 深海鮫治百病	廖玉山編著	180元
86. 神奇的蜂王乳	井上丹治著	180元
87. 卡拉OK健腦法	東潔著	180元
88. 卡拉OK健康法	福田伴男著	180元
89. 醫藥與生活(二)	鄭炳全著	200元
90. 洋蔥治百病	宮尾興平著	180元
91. 年輕10歲快步健康法	石塚忠雄著	180元
92. 石榴的驚人神效	岡本順子著	180元
93. 飲料健康法	白鳥早奈英著	180元
94. 健康棒體操	劉名揚編譯	180元
95. 催眠健康法	蕭京凌編著	180元
96. 鬱金(美王)治百病	水野修一著	180元
97. 醫藥與生活(三)	鄭炳全著	200元

・實用女性學講座・電腦編號 19

1. 解讀女性內心世界	島田一男著	150元
2. 塑造成熟的女性	島田一男著	150元
3. 女性整體裝扮學	黃靜香編著	180元
4. 女性應對禮儀	黃靜香編著	180元

5. 女性婚前必修　小野十傳著　200 元
6. 徹底瞭解女人　田口二州著　180 元
7. 拆穿女性謊言 88 招　島田一男著　200 元
8. 解讀女人心　島田一男著　200 元
9. 俘獲女性絕招　志賀貢著　200 元
10. 愛情的壓力解套　中村理英子著　200 元
11. 妳是人見人愛的女孩　廖松濤編著　200 元

・校園系列・電腦編號 20

1. 讀書集中術　多湖輝著　180 元
2. 應考的訣竅　多湖輝著　150 元
3. 輕鬆讀書贏得聯考　多湖輝著　150 元
4. 讀書記憶秘訣　多湖輝著　180 元
5. 視力恢復！超速讀術　江錦雲譯　180 元
6. 讀書 36 計　黃柏松編著　180 元
7. 驚人的速讀術　鐘文訓編著　170 元
8. 學生課業輔導良方　多湖輝著　180 元
9. 超速讀超記憶法　廖松濤編著　180 元
10. 速算解題技巧　宋釗宜編著　200 元
11. 看圖學英文　陳炳崑編著　200 元
12. 讓孩子最喜歡數學　沈永嘉譯　180 元
13. 催眠記憶術　林碧清譯　180 元
14. 催眠速讀術　林碧清譯　180 元
15. 數學式思考學習法　劉淑錦譯　200 元
16. 考試憑要領　劉孝暉著　180 元
17. 事半功倍讀書法　王毅希著　200 元
18. 超金榜題名術　陳蒼杰譯　200 元
19. 靈活記憶術　林耀慶編著　180 元

・實用心理學講座・電腦編號 21

1. 拆穿欺騙伎倆　多湖輝著　140 元
2. 創造好構想　多湖輝著　140 元
3. 面對面心理術　多湖輝著　160 元
4. 偽裝心理術　多湖輝著　140 元
5. 透視人性弱點　多湖輝著　140 元
6. 自我表現術　多湖輝著　180 元
7. 不可思議的人性心理　多湖輝著　180 元
8. 催眠術入門　多湖輝著　150 元
9. 責罵部屬的藝術　多湖輝著　150 元
10. 精神力　多湖輝著　150 元
11. 厚黑說服術　多湖輝著　150 元

12. 集中力	多湖輝著	150 元
13. 構想力	多湖輝著	150 元
14. 深層心理術	多湖輝著	160 元
15. 深層語言術	多湖輝著	160 元
16. 深層說服術	多湖輝著	180 元
17. 掌握潛在心理	多湖輝著	160 元
18. 洞悉心理陷阱	多湖輝著	180 元
19. 解讀金錢心理	多湖輝著	180 元
20. 拆穿語言圈套	多湖輝著	180 元
21. 語言的內心玄機	多湖輝著	180 元
22. 積極力	多湖輝著	180 元

・超現實心理講座・電腦編號 22

1. 超意識覺醒法	詹蔚芬編譯	130 元
2. 護摩秘法與人生	劉名揚編譯	130 元
3. 秘法！超級仙術入門	陸明譯	150 元
4. 給地球人的訊息	柯素娥編著	150 元
5. 密教的神通力	劉名揚編著	130 元
6. 神秘奇妙的世界	平川陽一著	200 元
7. 地球文明的超革命	吳秋嬌譯	200 元
8. 力量石的秘密	吳秋嬌譯	180 元
9. 超能力的靈異世界	馬小莉譯	200 元
10. 逃離地球毀滅的命運	吳秋嬌譯	200 元
11. 宇宙與地球終結之謎	南山宏著	200 元
12. 驚世奇功揭秘	傅起鳳著	200 元
13. 啟發身心潛力心象訓練法	栗田昌裕著	180 元
14. 仙道術遁甲法	高藤聰一郎著	220 元
15. 神通力的秘密	中岡俊哉著	180 元
16. 仙人成仙術	高藤聰一郎著	200 元
17. 仙道符咒氣功法	高藤聰一郎著	220 元
18. 仙道風水術尋龍法	高藤聰一郎著	200 元
19. 仙道奇蹟超幻像	高藤聰一郎著	200 元
20. 仙道鍊金術房中法	高藤聰一郎著	200 元
21. 奇蹟超醫療治癒難病	深野一幸著	220 元
22. 揭開月球的神秘力量	超科學研究會	180 元
23. 西藏密教奧義	高藤聰一郎著	250 元
24. 改變你的夢術入門	高藤聰一郎著	250 元
25. 21 世紀拯救地球超技術	深野一幸著	250 元

・養 生 保 健・電腦編號 23

1. 醫療養生氣功	黃孝寬著	250 元

2.	中國氣功圖譜	余功保著	250元
3.	少林醫療氣功精粹	井玉蘭著	250元
4.	龍形實用氣功	吳大才等著	220元
5.	魚戲增視強身氣功	宮 嬰著	220元
6.	嚴新氣功	前新培金著	250元
7.	道家玄牝氣功	張 章著	200元
8.	仙家秘傳袪病功	李遠國著	160元
9.	少林十大健身功	秦慶豐著	180元
10.	中國自控氣功	張明武著	250元
11.	醫療防癌氣功	黃孝寬著	250元
12.	醫療強身氣功	黃孝寬著	250元
13.	醫療點穴氣功	黃孝寬著	250元
14.	中國八卦如意功	趙維漢著	180元
15.	正宗馬禮堂養氣功	馬禮堂著	420元
16.	秘傳道家筋經內丹功	王慶餘著	280元
17.	三元開慧功	辛桂林著	250元
18.	防癌治癌新氣功	郭 林著	180元
19.	禪定與佛家氣功修煉	劉天君著	200元
20.	顛倒之術	梅自強著	360元
21.	簡明氣功辭典	吳家駿編	360元
22.	八卦三合功	張全亮著	230元
23.	朱砂掌健身養生功	楊永著	250元
24.	抗老功	陳九鶴著	230元
25.	意氣按穴排濁自療法	黃啟運編著	250元
26.	陳式太極拳養生功	陳正雷著	200元
27.	健身祛病小功法	王培生著	200元
28.	張式太極混元功	張春銘著	250元
29.	中國璇密功	羅琴編著	250元
30.	中國少林禪密功	齊飛龍著	200元

・社會人智囊・ 電腦編號 24

1.	糾紛談判術	清水增三著	160元
2.	創造關鍵術	淺野八郎著	150元
3.	觀人術	淺野八郎著	200元
4.	應急詭辯術	廖英迪編著	160元
5.	天才家學習術	木原武一著	160元
6.	貓型狗式鑑人術	淺野八郎著	180元
7.	逆轉運掌握術	淺野八郎著	180元
8.	人際圓融術	澀谷昌三著	160元
9.	解讀人心術	淺野八郎著	180元
10.	與上司水乳交融術	秋元隆司著	180元
11.	男女心態定律	小田晉著	180元
12.	幽默說話術	林振輝編著	200元

13. 人能信賴幾分	淺野八郎著	180 元
14. 我一定能成功	李玉瓊譯	180 元
15. 獻給青年的嘉言	陳蒼杰譯	180 元
16. 知人、知面、知其心	林振輝編著	180 元
17. 塑造堅強的個性	坂上肇著	180 元
18. 為自己而活	佐藤綾子著	180 元
19. 未來十年與愉快生活有約	船井幸雄著	180 元
20. 超級銷售話術	杜秀卿譯	180 元
21. 感性培育術	黃靜香編著	180 元
22. 公司新鮮人的禮儀規範	蔡媛惠譯	180 元
23. 傑出職員鍛鍊術	佐佐木正著	180 元
24. 面談獲勝戰略	李芳黛譯	180 元
25. 金玉良言撼人心	森純大著	180 元
26. 男女幽默趣典	劉華亭編著	180 元
27. 機智說話術	劉華亭編著	180 元
28. 心理諮商室	柯素娥譯	180 元
29. 如何在公司崢嶸頭角	佐佐木正著	180 元
30. 機智應對術	李玉瓊編著	200 元
31. 克服低潮良方	坂野雄二著	180 元
32. 智慧型說話技巧	沈永嘉編著	180 元
33. 記憶力、集中力增進術	廖松濤編著	180 元
34. 女職員培育術	林慶旺編著	180 元
35. 自我介紹與社交禮儀	柯素娥編著	180 元
36. 積極生活創幸福	田中真澄著	180 元
37. 妙點子超構想	多湖輝著	180 元
38. 說 NO 的技巧	廖玉山編著	180 元
39. 一流說服力	李玉瓊編著	180 元
40. 般若心經成功哲學	陳鴻蘭編著	180 元
41. 訪問推銷術	黃靜香編著	180 元
42. 男性成功秘訣	陳蒼杰編著	180 元
43. 笑容、人際智商	宮川澄子著	180 元
44. 多湖輝的構想工作室	多湖輝著	200 元
45. 名人名語啟示錄	喬家楓著	180 元
46. 口才必勝術	黃柏松編著	220 元
47. 能言善道的說話術	章智冠編著	180 元
48. 改變人心成為贏家	多湖輝著	200 元
49. 說服的ＩＱ	沈永嘉譯	200 元
50. 提升腦力超速讀術	齊藤英治著	200 元
51. 操控對手百戰百勝	多湖輝著	200 元
52. 面試成功戰略	柯素娥編著	200 元
53. 摸透男人心	劉華亭編著	180 元
54. 撼動人心優勢口才	龔伯牧編著	180 元
55. 如何使對方說 yes	程　羲編著	200 元
56. 小道理・美好人生	林政峯編著	180 元

·精選系列· 電腦編號 25

1.	毛澤東與鄧小平	渡邊利夫等著	280 元
2.	中國大崩裂	江戶介雄著	180 元
3.	台灣·亞洲奇蹟	上村幸治著	220 元
4.	7-ELEVEN 高盈收策略	國友隆一著	180 元
5.	台灣獨立（新·中國日本戰爭一）	森詠著	200 元
6.	迷失中國的末路	江戶雄介著	220 元
7.	2000 年 5 月全世界毀滅	紫藤甲子男著	180 元
8.	失去鄧小平的中國	小島朋之著	220 元
9.	世界史爭議性異人傳	桐生操著	200 元
10.	淨化心靈享人生	松濤弘道著	220 元
11.	人生心情診斷	賴藤和寬著	220 元
12.	中美大決戰	檜山良昭著	220 元
13.	黃昏帝國美國	莊雯琳譯	220 元
14.	兩岸衝突（新·中國日本戰爭二）	森詠著	220 元
15.	封鎖台灣（新·中國日本戰爭三）	森詠著	220 元
16.	中國分裂（新·中國日本戰爭四）	森詠著	220 元
17.	由女變男的我	虎井正衛著	200 元
18.	佛學的安心立命	松濤弘道著	220 元
19.	世界喪禮大觀	松濤弘道著	280 元
20.	中國內戰（新·中國日本戰爭五）	森詠著	220 元
21.	台灣內亂（新·中國日本戰爭六）	森詠著	220 元
22.	琉球戰爭①（新·中國日本戰爭七）	森詠著	220 元
23.	琉球戰爭②（新·中國日本戰爭八）	森詠著	220 元

·運動遊戲· 電腦編號 26

1.	雙人運動	李玉瓊譯	160 元
2.	愉快的跳繩運動	廖玉山譯	180 元
3.	運動會項目精選	王佑京譯	150 元
4.	肋木運動	廖玉山譯	150 元
5.	測力運動	王佑宗譯	150 元
6.	游泳入門	唐桂萍編著	200 元
7.	帆板衝浪	王勝利譯	300 元

·休閒娛樂· 電腦編號 27

1.	海水魚飼養法	田中智浩著	300 元
2.	金魚飼養法	曾雪玫譯	250 元
3.	熱門海水魚	毛利匡明著	480 元
4.	愛犬的教養與訓練	池田好雄著	250 元
5.	狗教養與疾病	杉浦哲著	220 元

6.	小動物養育技巧	三上昇著	300 元
7.	水草選擇、培育、消遣	安齊裕司著	300 元
8.	四季釣魚法	釣朋會著	200 元
9.	簡易釣魚入門	張果馨譯	200 元
10.	防波堤釣入門	張果馨譯	220 元
20.	園藝植物管理	船越亮二著	220 元
30.	汽車急救ＤＩＹ	陳瑞雄編著	200 元
31.	巴士旅行遊戲	陳羲編著	180 元
32.	測驗你的ＩＱ	蕭京凌編著	180 元
33.	益智數字遊戲	廖玉山編著	180 元
40.	撲克牌遊戲與贏牌秘訣	林振輝編著	180 元
41.	撲克牌魔術、算命、遊戲	林振輝編著	180 元
42.	撲克占卜入門	王家成編著	180 元
50.	兩性幽默	幽默選集編輯組	180 元
51.	異色幽默	幽默選集編輯組	180 元

・銀髮族智慧學・電腦編號 28

1.	銀髮六十樂逍遙	多湖輝著	170 元
2.	人生六十反年輕	多湖輝著	170 元
3.	六十歲的決斷	多湖輝著	170 元
4.	銀髮族健身指南	孫瑞台編著	250 元
5.	退休後的夫妻健康生活	施聖茹譯	200 元

・飲 食 保 健・電腦編號 29

1.	自己製作健康茶	大海淳著	220 元
2.	好吃、具藥效茶料理	德永睦子著	220 元
3.	改善慢性病健康藥草茶	吳秋嬌譯	200 元
4.	藥酒與健康果菜汁	成玉編著	250 元
5.	家庭保健養生湯	馬汴梁編著	220 元
6.	降低膽固醇的飲食	早川和志著	200 元
7.	女性癌症的飲食	女子營養大學	280 元
8.	痛風者的飲食	女子營養大學	280 元
9.	貧血者的飲食	女子營養大學	280 元
10.	高脂血症者的飲食	女子營養大學	280 元
11.	男性癌症的飲食	女子營養大學	280 元
12.	過敏者的飲食	女子營養大學	280 元
13.	心臟病的飲食	女子營養大學	280 元
14.	滋陰壯陽的飲食	王增著	220 元
15.	胃、十二指腸潰瘍的飲食	勝健一等著	280 元
16.	肥胖者的飲食	雨宮禎子等著	280 元

・家庭醫學保健・ 電腦編號 30

1. 女性醫學大全	雨森良彥著	380 元
2. 初為人父育兒寶典	小瀧周曹著	220 元
3. 性活力強健法	相建華著	220 元
4. 30 歲以上的懷孕與生產	李芳黛編著	220 元
5. 舒適的女性更年期	野末悅子著	200 元
6. 夫妻前戲的技巧	笠井寬司著	200 元
7. 病理足穴按摩	金慧明著	220 元
8. 爸爸的更年期	河野孝旺著	200 元
9. 橡皮帶健康法	山田晶著	180 元
10. 三十三天健美減肥	相建華等著	180 元
11. 男性健美入門	孫玉祿編著	180 元
12. 強化肝臟秘訣	主婦の友社編	200 元
13. 了解藥物副作用	張果馨譯	200 元
14. 女性醫學小百科	松山榮吉著	200 元
15. 左轉健康法	龜田修等著	200 元
16. 實用天然藥物	鄭炳全編著	260 元
17. 神秘無痛平衡療法	林宗駛著	180 元
18. 膝蓋健康法	張果馨譯	180 元
19. 針灸治百病	葛書翰著	250 元
20. 異位性皮膚炎治癒法	吳秋嬌譯	220 元
21. 禿髮白髮預防與治療	陳炳崑編著	180 元
22. 埃及皇宮菜健康法	飯森薰著	200 元
23. 肝臟病安心治療	上野幸久著	220 元
24. 耳穴治百病	陳抗美等著	250 元
25. 高效果指壓法	五十嵐康彥著	200 元
26. 瘦水、胖水	鈴木園子著	200 元
27. 手針新療法	朱振華著	200 元
28. 香港腳預防與治療	劉小惠譯	250 元
29. 智慧飲食吃出健康	柯富陽編著	200 元
30. 牙齒保健法	廖玉山編著	200 元
31. 恢復元氣養生食	張果馨譯	200 元
32. 特效推拿按摩術	李玉田著	200 元
33. 一週一次健康法	若狹真著	200 元
34. 家常科學膳食	大塚滋著	220 元
35. 夫妻們閱讀的男性不孕	原利夫著	220 元
36. 自我瘦身美容	馬野詠子著	200 元
37. 魔法姿勢益健康	五十嵐康彥著	200 元
38. 眼病錘療法	馬栩周著	200 元
39. 預防骨質疏鬆症	藤田拓男著	200 元
40. 骨質增生效驗方	李吉茂編著	250 元
41. 蕺菜健康法	小林正夫著	200 元

42. 赧於啟齒的男性煩惱	增田豐著	220 元
43. 簡易自我健康檢查	稻葉允著	250 元
44. 實用花草健康法	友田純子著	200 元
45. 神奇的手掌療法	日比野喬著	230 元
46. 家庭式三大穴道療法	刑部忠和著	200 元
47. 子宮癌、卵巢癌	岡島弘幸著	220 元
48. 糖尿病機能性食品	劉雪卿編著	220 元
49. 奇蹟活現經脈美容法	林振輝編譯	200 元
50. Super SEX	秋好憲一著	220 元
51. 了解避孕丸	林玉佩譯	200 元
52. 有趣的遺傳學	蕭京凌編著	200 元
53. 強身健腦手指運動	羅群等著	250 元
54. 小周天健康法	莊雯琳譯	200 元
55. 中西醫結合醫療	陳蒼杰譯	200 元
56. 沐浴健康法	楊鴻儒譯	200 元
57. 節食瘦身秘訣	張芷欣編著	200 元
58. 酵素健康法	楊皓譯	200 元
59. 一天 10 分鐘健康太極拳	劉小惠譯	250 元
60. 中老年人疲勞消除法	五味雅吉著	220 元
61. 與齲齒訣別	楊鴻儒譯	220 元
62. 禪宗自然養生法	費德漢編著	200 元
63. 女性切身醫學	編輯群編	200 元

・超經營新智慧・電腦編號 31

1. 躍動的國家越南	林雅倩譯	250 元
2. 甦醒的小龍菲律賓	林雅倩譯	220 元
3. 中國的危機與商機	中江要介著	250 元
4. 在印度的成功智慧	山內利男著	220 元
5. 7-ELEVEN 大革命	村上豐道著	200 元
6. 業務員成功秘方	呂育清編著	200 元
7. 在亞洲成功的智慧	鈴木讓二著	220 元
8. 圖解活用經營管理	山際有文著	220 元
9. 速效行銷學	江尻弘著	220 元
10. 猶太成功商法	周蓮芬編著	200 元
11. 工廠管理新手法	黃柏松編著	220 元

・親子系列・電腦編號 32

1. 如何使孩子出人頭地	多湖輝著	200 元
2. 心靈啟蒙教育	多湖輝著	280 元
3. 如何使孩子數學滿分	林明嬋編著	180 元
4. 終身受用的學習秘訣	李芳黛譯	200 元

5. 數學疑問破解　陳蒼杰譯　200元

・雅致系列・電腦編號33

1. 健康食譜春冬篇　丸元淑生著　200元
2. 健康食譜夏秋篇　丸元淑生著　200元
3. 純正家庭料理　陳建民等著　200元
4. 家庭四川菜　陳建民著　200元
5. 醫食同源健康美食　郭長聚著　200元
6. 家族健康食譜　東畑朝子著　200元

・美術系列・電腦編號34

1. 可愛插畫集　鉛筆等著　220元
2. 人物插畫集　鉛筆等著　180元

・勞作系列・電腦編號35

1. 活動玩具ＤＩＹ　李芳黛譯　230元
2. 組合玩具ＤＩＹ　李芳黛譯　230元
3. 花草遊戲ＤＩＹ　張果馨譯　250元

・心 靈 雅 集・電腦編號00

1. 禪言佛語看人生　松濤弘道著　180元
2. 禪密教的奧秘　葉逯謙譯　120元
3. 觀音大法力　田口日勝著　120元
4. 觀音法力的大功德　田口日勝著　120元
5. 達摩禪106智慧　劉華亭編譯　220元
6. 有趣的佛教研究　葉逯謙編譯　170元
7. 夢的開運法　蕭京凌譯　180元
8. 禪學智慧　柯素娥編譯　130元
9. 女性佛教入門　許俐萍譯　110元
10. 佛像小百科　心靈雅集編譯組　130元
11. 佛教小百科趣談　心靈雅集編譯組　120元
12. 佛教小百科漫談　心靈雅集編譯組　150元
13. 佛教知識小百科　心靈雅集編譯組　150元
14. 佛學名言智慧　松濤弘道著　220元
15. 釋迦名言智慧　松濤弘道著　220元
16. 活人禪　平田精耕著　120元
17. 坐禪入門　柯素娥編譯　150元
18. 現代禪悟　柯素娥編譯　130元
19. 道元禪師語錄　心靈雅集編譯組　130元

20. 佛學經典指南	心靈雅集編譯組	130 元
21. 何謂「生」阿含經	心靈雅集編譯組	150 元
22. 一切皆空　般若心經	心靈雅集編譯組	180 元
23. 超越迷惘　法句經	心靈雅集編譯組	130 元
24. 開拓宇宙觀　華嚴經	心靈雅集編譯組	180 元
25. 真實之道　法華經	心靈雅集編譯組	130 元
26. 自由自在　涅槃經	心靈雅集編譯組	130 元
27. 沈默的教示　維摩經	心靈雅集編譯組	150 元
28. 開通心眼　佛語佛戒	心靈雅集編譯組	130 元
29. 揭秘寶庫　密教經典	心靈雅集編譯組	180 元
30. 坐禪與養生	廖松濤譯	110 元
31. 釋尊十戒	柯素娥編譯	120 元
32. 佛法與神通	劉欣如編著	120 元
33. 悟（正法眼藏的世界）	柯素娥編譯	120 元
34. 只管打坐	劉欣如編著	120 元
35. 喬答摩・佛陀傳	劉欣如編著	120 元
36. 唐玄奘留學記	劉欣如編著	120 元
37. 佛教的人生觀	劉欣如編譯	110 元
38. 無門關(上卷)	心靈雅集編譯組	150 元
39. 無門關(下卷)	心靈雅集編譯組	150 元
40. 業的思想	劉欣如編著	130 元
41. 佛法難學嗎	劉欣如著	140 元
42. 佛法實用嗎	劉欣如著	140 元
43. 佛法殊勝嗎	劉欣如著	140 元
44. 因果報應法則	李常傳編	180 元
45. 佛教醫學的奧秘	劉欣如編著	150 元
46. 紅塵絕唱	海　若著	130 元
47. 佛教生活風情	洪丕謨、姜玉珍著	220 元
48. 行住坐臥有佛法	劉欣如著	160 元
49. 起心動念是佛法	劉欣如著	160 元
50. 四字禪語	曹洞宗青年會	200 元
51. 妙法蓮華經	劉欣如編著	160 元
52. 根本佛教與大乘佛教	葉作森編	180 元
53. 大乘佛經	定方晟著	180 元
54. 須彌山與極樂世界	定方晟著	180 元
55. 阿闍世的悟道	定方晟著	180 元
56. 金剛經的生活智慧	劉欣如著	180 元
57. 佛教與儒教	劉欣如編譯	180 元
58. 佛教史入門	劉欣如編譯	180 元
59. 印度佛教思想史	劉欣如編譯	200 元
60. 佛教與女性	劉欣如編譯	180 元
61. 禪與人生	洪丕謨主編	260 元
62. 領悟佛經的智慧	劉欣如著	200 元

・經 營 管 理・電腦編號 01

◎ 創新經營管理六十六大計(精)	蔡弘文編	780 元
1. 如何獲取生意情報	蘇燕謀譯	110 元
2. 經濟常識問答	蘇燕謀譯	130 元
4. 台灣商戰風雲錄	陳中雄著	120 元
5. 推銷大王秘錄	原一平著	180 元
6. 新創意・賺大錢	王家成譯	90 元
10. 美國實業 24 小時	柯順隆譯	80 元
11. 撼動人心的推銷法	原一平著	150 元
12. 高竿經營法	蔡弘文編	120 元
13. 如何掌握顧客	柯順隆譯	150 元
17. 一流的管理	蔡弘文編	150 元
18. 外國人看中韓經濟	劉華亭譯	150 元
20. 突破商場人際學	林振輝編著	90 元
22. 如何使女人打開錢包	林振輝編著	100 元
24. 小公司經營策略	王嘉誠著	160 元
25. 成功的會議技巧	鐘文訓編譯	100 元
26. 新時代老闆學	黃柏松編著	100 元
27. 如何創造商場智囊團	林振輝編譯	150 元
28. 十分鐘推銷術	林振輝編譯	180 元
29. 五分鐘育才	黃柏松編譯	100 元
33. 自我經濟學	廖松濤編譯	100 元
34. 一流的經營	陶田生編著	120 元
35. 女性職員管理術	王昭國編譯	120 元
36. ＩＢＭ的人事管理	鐘文訓編譯	150 元
37. 現代電腦常識	王昭國編譯	150 元
38. 電腦管理的危機	鐘文訓編譯	120 元
39. 如何發揮廣告效果	王昭國編譯	150 元
40. 最新管理技巧	王昭國編譯	150 元
41. 一流推銷術	廖松濤編譯	150 元
42. 包裝與促銷技巧	王昭國編譯	130 元
43. 企業王國指揮塔	松下幸之助著	120 元
44. 企業精銳兵團	松下幸之助著	120 元
45. 企業人事管理	松下幸之助著	100 元
46. 華僑經商致富術	廖松濤編譯	130 元
47. 豐田式銷售技巧	廖松濤編譯	180 元
48. 如何掌握銷售技巧	王昭國編著	130 元
50. 洞燭機先的經營	鐘文訓編譯	150 元
52. 新世紀的服務業	鐘文訓編譯	100 元
53. 成功的領導者	廖松濤編譯	120 元
54. 女推銷員成功術	李玉瓊編譯	130 元
55. ＩＢＭ人才培育術	鐘文訓編譯	100 元

56. 企業人自我突破法	黃琪輝編著	150元
58. 財富開發術	蔡弘文編著	130元
59. 成功的店舖設計	鐘文訓編著	150元
61. 企管回春法	蔡弘文編著	130元
62. 小企業經營指南	鐘文訓編譯	100元
63. 商場致勝名言	鐘文訓編譯	150元
64. 迎接商業新時代	廖松濤編譯	100元
66. 新手股票投資入門	何朝乾編著	200元
67. 上揚股與下跌股	何朝乾編譯	180元
68. 股票速成學	何朝乾編譯	200元
69. 理財與股票投資策略	黃俊豪編著	180元
70. 黃金投資策略	黃俊豪編著	180元
71. 厚黑管理學	廖松濤編譯	180元
72. 股市致勝格言	呂梅莎編譯	180元
73. 透視西武集團	林谷燁編譯	150元
76. 巡迴行銷術	陳蒼杰譯	150元
77. 推銷的魔術	王嘉誠譯	120元
78. 60 秒指導部屬	周蓮芬編譯	150元
79. 精銳女推銷員特訓	李玉瓊編譯	130元
80. 企劃、提案、報告圖表的技巧	鄭汶譯	180元
81. 海外不動產投資	許達守編譯	150元
82. 八百伴的世界策略	李玉瓊譯	150元
83. 服務業品質管理	吳宜芬譯	180元
84. 零庫存銷售	黃東謙編譯	150元
85. 三分鐘推銷管理	劉名揚編譯	150元
86. 推銷大王奮鬥史	原一平著	150元
87. 豐田汽車的生產管理	林谷燁編譯	200元

・成 功 寶 庫・電腦編號 02

1. 上班族交際術	江森滋著	100元
2. 拍馬屁訣竅	廖玉山編譯	110元
4. 聽話的藝術	歐陽輝編譯	110元
9. 求職轉業成功術	陳義編著	110元
10. 上班族禮儀	廖玉山編著	120元
11. 接近心理學	李玉瓊編著	100元
12. 創造自信的新人生	廖松濤編著	120元
15. 神奇瞬間瞑想法	廖松濤編譯	100元
16. 人生成功之鑰	楊意苓編著	150元
19. 給企業人的諍言	鐘文訓編著	120元
20. 企業家自律訓練法	陳義編譯	100元
21. 上班族妖怪學	廖松濤編著	100元
22. 猶太人縱橫世界的奇蹟	孟佑政編著	110元
25. 你是上班族中強者	嚴思圖編著	100元

30. 成功頓悟 100 則	蕭京凌編譯	130 元
32. 知性幽默	李玉瓊編譯	130 元
33. 熟記對方絕招	黃靜香編譯	100 元
37. 察言觀色的技巧	劉華亭編著	180 元
38. 一流領導力	施義彥編譯	120 元
40. 30 秒鐘推銷術	廖松濤編譯	150 元
42. 尖端時代行銷策略	陳蒼杰編著	100 元
43. 顧客管理學	廖松濤編著	100 元
47. 上班族口才學	楊鴻儒譯	120 元
48. 上班族新鮮人須知	程羲編著	120 元
49. 如何左右逢源	程羲編著	130 元
50. 語言的心理戰	多湖輝著	130 元
55. 性惡企業管理學	陳蒼杰譯	130 元
56. 自我啟發 200 招	楊鴻儒編著	150 元
57. 做個傑出女職員	劉名揚編著	130 元
58. 靈活的集團營運術	楊鴻儒編著	120 元
60. 個案研究活用法	楊鴻儒編著	130 元
61. 企業教育訓練遊戲	楊鴻儒編著	120 元
62. 管理者的智慧	程義編譯	130 元
63. 做個佼佼管理者	馬筱莉編譯	130 元
67. 活用禪學於企業	柯素娥編譯	130 元
69. 幽默詭辯術	廖玉山編譯	150 元
70. 拿破崙智慧箴言	柯素娥編譯	130 元
71. 自我培育・超越	蕭京凌編譯	150 元
74. 時間即一切	沈永嘉編譯	130 元
75. 自我脫胎換骨	柯素娥譯	150 元
76. 贏在起跑點　人才培育鐵則	楊鴻儒編譯	150 元
77. 做一枚活棋	李玉瓊編譯	130 元
81. 瞬間攻破心防法	廖玉山編譯	120 元
82. 改變一生的名言	李玉瓊編譯	130 元
83. 性格性向創前程	楊鴻儒編譯	130 元
84. 訪問行銷新竅門	廖玉山編譯	150 元
85. 無所不達的推銷話術	李玉瓊編譯	150 元

・處　世　智　慧・電腦編號 03

1. 如何改變你自己	陸明編譯	120 元
6. 靈感成功術	譚繼山編譯	80 元
8. 扭轉一生的五分鐘	黃柏松編譯	100 元
10. 現代人的詭計	林振輝譯	100 元
14. 女性的智慧	譚繼山編譯	90 元
16. 人生的體驗	陸明編譯	80 元
18. 幽默吹牛術	金子登著	90 元
24. 慧心良言	亦奇著	80 元

25. 名家慧語	蔡逸鴻主編	90 元
28. 如何發揮你的潛能	陸明編譯	90 元
29. 女人身態語言學	李常傳譯	130 元
30. 摸透女人心	張文志譯	90 元
32. 給女人的悄悄話	妮倩編譯	90 元
36. 成功的捷徑	鐘文訓譯	70 元
37. 幽默逗笑術	林振輝著	120 元
38. 活用血型讀書法	陳炳崑譯	80 元
39. 心　燈	葉于模著	100 元
41. 心・體・命運	蘇燕謀譯	70 元
43. 宮本武藏五輪書金言錄	宮本武藏著	100 元
47. 成熟的愛	林振輝譯	120 元
48. 現代女性駕馭術	蔡德華著	90 元
49. 禁忌遊戲	酒井潔著	90 元
53. 如何達成願望	謝世輝著	90 元
54. 創造奇蹟的「想念法」	謝世輝著	90 元
55. 創造成功奇蹟	謝世輝著	90 元
57. 幻想與成功	廖松濤譯	80 元
58. 反派角色的啟示	廖松濤編譯	70 元
59. 現代女性須知	劉華亭編著	75 元
62. 如何突破內向	姜倩怡編譯	110 元
64. 讀心術入門	王家成編譯	100 元
65. 如何解除內心壓力	林美羽編著	110 元
66. 取信於人的技巧	多湖輝著	110 元
68. 自我能力的開拓	卓一凡編著	110 元
70. 縱橫交涉術	嚴思圖編著	90 元
71. 如何培養妳的魅力	劉文珊編著	90 元
75. 個性膽怯者的成功術	廖松濤編譯	100 元
76. 人性的光輝	文可式編著	90 元
79. 培養靈敏頭腦秘訣	廖玉山編著	90 元
80. 夜晚心理術	鄭秀美編譯	80 元
81. 如何做個成熟的女性	李玉瓊編著	80 元
82. 現代女性成功術	劉文珊編著	90 元
83. 成功說話技巧	梁惠珠編譯	100 元
84. 人生的真諦	鐘文訓編譯	100 元
87. 指尖・頭腦體操	蕭京凌編譯	90 元
88. 電話應對禮儀	蕭京凌編著	120 元
89. 自我表現的威力	廖松濤編譯	100 元
91. 男與女的哲思	程鐘梅編譯	110 元
92. 靈思慧語	牧風著	110 元
93. 心靈夜語	牧風著	100 元
94. 激盪腦力訓練	廖松濤編譯	100 元
95. 三分鐘頭腦活性法	廖玉山編譯	110 元
96. 星期一的智慧	廖玉山編譯	100 元

97. 溝通說服術　賴文琇編譯　100元

·健康與美容· 電腦編號 04

3. 媚酒傳（中國王朝秘酒）	陸明主編	120元
5. 中國回春健康術	蔡一藩著	100元
6. 奇蹟的斷食療法	蘇燕謀譯	130元
8. 健美食物法	陳炳崑譯	120元
9. 驚異的漢方療法	唐龍編著	90元
10. 不老強精食	唐龍編著	100元
12. 五分鐘跳繩健身法	蘇明達譯	100元
13. 睡眠健康法	王家成譯	80元
14. 你就是名醫	張芳明譯	90元
19. 釋迦長壽健康法	譚繼山譯	90元
20. 腳部按摩健康法	譚繼山譯	120元
21. 自律健康法	蘇明達譯	90元
23. 身心保健座右銘	張仁福著	160元
24. 腦中風家庭看護與運動治療	林振輝譯	100元
25. 秘傳醫學人相術	成玉主編	120元
26. 導引術入門(1)治療慢性病	成玉主編	110元
27. 導引術入門(2)健康・美容	成玉主編	110元
28. 導引術入門(3)身心健康法	成玉主編	110元
29. 妙用靈藥・蘆薈	李常傳譯	150元
30. 萬病回春百科	吳通華著	150元
31. 初次懷孕的10個月	成玉編譯	150元
32. 中國秘傳氣功治百病	陳炳崑編譯	130元
35. 仙人長生不老學	陸明編譯	100元
36. 釋迦秘傳米粒刺激法	鐘文訓譯	120元
37. 痔・治療與預防	陸明編譯	130元
38. 自我防身絕技	陳炳崑編譯	120元
39. 運動不足時疲勞消除法	廖松濤譯	110元
40. 三溫暖健康法	鐘文訓編譯	90元
43. 維他命與健康	鐘文訓譯	150元
45. 森林浴一綠的健康法	劉華亭編譯	80元
47. 導引術入門(4)酒浴健康法	成玉主編	90元
48. 導引術入門(5)不老回春法	成玉主編	90元
49. 山白竹（劍竹）健康法	鐘文訓譯	90元
50. 解救你的心臟	鐘文訓編譯	100元
52. 超人氣功法	陸明編譯	110元
54. 借力的奇蹟(1)	力拔山著	100元
55. 借力的奇蹟(2)	力拔山著	100元
56. 五分鐘小睡健康法	呂添發撰	120元
59. 艾草健康法	張汝明編譯	90元
60. 一分鐘健康診斷	蕭京凌編譯	90元

國家圖書館出版品預行編目資料

拿破崙智慧箴言 / 柯素娥編著. – 2 版.
– 臺北市：大展 ，民 89
面 ； 21 公分 --（社會人智囊；57）
ISBN 957-468-035-5（平裝）
1. 格言 2.修身

192.8 89014463

拿破崙智慧箴言

ISBN 957-468-035-5

編 著 者／柯 素 娥
發 行 人／蔡 森 明
出 版 者／大展出版社有限公司
社 址／台北市北投區（石牌）致遠一路 2 段 12 巷 1 號
電 話／（02）28236031・28236033・28233123
傳 真／（02）28272069
郵政劃撥／01669551
E - mail／dah-jaan@ms9.tisnet.net.tw
登 記 證／局版臺業字第 2171 號
承 印 者／高星印刷品行
裝 訂／日新裝訂所
排 版 者／千兵企業有限公司
初版 1 刷／1991 年（民 80 年）11 月
2 版 1 刷／2000 年（民 89 年）11 月

定價／200 元

大展好書 好書大展

大展好書 好書大展